Horse Feelings

DIE WELT DER PFERDE
FREI, GEHEIMNISVOLL,
FASZINIEREND

Horse Feelings

SIBYLLE LUISE BINDER

GABRIELE KÄRCHER

KOSMOS

Wind in der

Mähne, Sand in den Hufen

Ein Pferd schaut uns an. Dunkle Augen voll Sanftmut und Vertrauen. Im Hintergrund ein Schimmern, das uns geheimnisvoll erscheint und das uns etwas von einer anderen Welt verkündet, zu der wir Zutritt bekommen, wenn wir dem Pferd ein Freund werden. Sein warmer Atem streift unsere Haut. Er duftet nach Gras und Erde, nach dem großen, fremden Etwas vor uns, das mit uns Kontakt aufnehmen will. Seine Ohren spielen, sie nehmen jedes Geräusch wahr – unser zärtliches Flüstern, das Rascheln unserer Füße im Stroh, vielleicht sogar das Klopfen unseres Herzens. Warmer, belebter Samt auf unserer Haut – das Pferd stupst, es will gestreichelt werden, und unsere Hände finden Fell, ertasten pulsierende Adern darunter, unsere Fingerspitzen freuen sich am Gegensatz zwischen der seidigen Glätte über den Muskeln des Halses und dem rauen Ansatz der Mähne. Wir begreifen das Pferd. Indem wir es anfassen, werden wir erfasst von einem Wesen, das zu den Siegern in der jahrmillionenalten Geschichte der Evolution gehört – nicht zuletzt auch deswegen, weil es sich die Menschen zum Freund gemacht hat.

In der Tat ein Pferd
„Er ist ein Tier für den Perseus:
nichts wie Feuer und Luft, und die trägen
Elemente der Erde und des Wassers
zeigen sich niemals in ihm, außer in seiner
geduldigen Stille, während sein Reiter ihn
besteigt. Er ist in der Tat ein Pferd…"

WILLIAM SHAKESPEARE,
„HEINRICH V", AKT 3, 7. SZENE

In manchen Geschichtsbüchern steht zu lesen, dass wir Menschen an dem Tag, an dem wir aufs Pferd gekommen sind, angefangen haben, die Welt zu erobern. Man könnte es aber auch andersherum sehen: Der Tag, an dem – vermutlich im hohen Norden – das Pferd zum ersten Mal einen Menschen trug, war der Anfang einer Erfolgsgeschichte, in der Equus caballus aufgrund seiner extremen Anpassungsfähigkeit nicht nur die verschiedensten Lebensräume, sondern letztlich auch alle fünf Kontinente erobert hat.

Ursprünglich waren Pferde wohl Bewohner des Nordens. Oder des heißen Südens? Die Gelehrten streiten noch darum. Aber auf jeden Fall zeigen Pferde heute, dass sie sowohl in den langen, dunklen Wintern Islands unter Schnee und Eis ihr Futter finden und sich vermehren als auch in den sonnendurchglühten Wüsten Namibias ohne menschliche Hilfe überleben können. Das Steppentier Pferd gedeiht in den Schilfwäldern der Camargue ebenso wie in den Wüsten Arabiens. Seine Ausbreitung und Anpassung auf dem amerikanischen Kontinent lässt vergessen, dass es dort ursprünglich nicht zu Hause war. Nach dem von Charles Darwin formulierten Naturgesetz vom „Survival of the Fittest", dem Überleben derer, welche die Anpassung am besten meistern, ist das Pferd einer der ganz großen Gewinner.

Die erste Eigenschaft, die das Pferd zu einem der „fittesten" Wesen in der Natur macht, ist seine körperliche Anpassungsfähigkeit. Züchter wissen es: Trotz einer relativ langen Generationenfolge – immerhin braucht eine Stute elf Monate, um ihr Fohlen auszutragen, und bekommt selten mehr als eines in einem Jahr – sind „Modellwechsel" beim Pferd relativ rasch vorzunehmen. Die deutsche Pferdezucht beweist es: Sie hat in dem halben Jahrhundert, das seit Kriegsende vergangen ist, aus den ehemals schweren Artillerie- und Ackerpferden vieler deutscher Zuchtgebiete elegante Sportpferde gemacht. Sie hat aus den runden, robusten Ponys, die Kinder in den 60er-Jahren begeistert haben, inzwischen das „Deutsche Reitpony" gezüchtet – eine elegante Kleinausgabe des großen Sportpferdes. Zwei, drei Generationen haben ihr meist gereicht, das angestrebte Zuchtziel zu erreichen; zwei, drei Generationen mehr haben es dann genetisch so gefestigt, dass keine „Streuverluste" durch Rückschläge in alte Eigenschaften mehr zu erwarten sind.

Doch es waren nicht nur züchterische Eingriffe, die Pferde in den letzten 500 Jahren verändert haben. Oft genug haben Pferde auch bewiesen, dass sie die Fähigkeit ihrer Vorfahren behalten haben, sich einer veränderten Umgebung anzupassen.

DES KÖNIGS PROBLEM

Davon konnte übrigens der württembergische König Wilhelm I. ein Lied singen. Er liebte edle, feingliedrige Wüstenaraber und ließ es sich eine Menge Geld kosten, vierbeinige Schönheiten aus dem Morgenland in sein Gestüt nach Weil am Neckar zu bringen. Dort, im milden Klima des fruchtbaren Neckartals, sollte es ihnen richtig wohl ergehen, auf dass sie – so hoffte jedenfalls der König – sich vermehren und ihre Fohlen auf das Beste heranwachsen sollten.

Dabei hatte er nicht mit der Flexibilität der alten Rasse gerechnet. Kaum standen die Araber auf seinen fetten Wiesen, schon rundeten sich die Stuten – und das nicht nur, weil sie tragend waren, sondern auch, weil so viel grünes Gras schlecht für ihre schlanke Linie war. Und mehr als das: Ihre Fohlen gediehen nur auf den ersten Blick prächtig. Sie waren größer als ihre Eltern – aber sie waren auch „weicher", nicht mehr so belastbar, weniger Asketen denn kleine Hedonisten. Sie hätten wahrscheinlich ihren Kindern nicht unbedingt den Bewegungstrieb ihrer Wüstenvorfahren vererbt, denn warum, bitte schön, sollte man sich als Pferd einen „abrennen", wenn man das Futter doch direkt vor der Nase hat? Und so wäre des württembergischen Königs Araberzucht wohl kein voller Erfolg geworden, wenn die Umstände nicht dazu geführt hätten, dass seine Pferde eines Tages vom Neckartal auf die Schwäbische Alb umzogen. Und dort, wo die Winter kälter sind als in irgendeiner anderen Gegend in Deutschland, wo der Sommer angeblich meist im Saal stattfindet, bewiesen die Wüstenpferde dann gleich das zweite Mal, wie gut sie sich auf veränderte Umstände einstellen können. Keines von ihnen fror je im Winter – sie zogen sich einfach im

Herbst einen dickeren Pelz an. Und Hunger litten sie auch nicht –
die harten Hufe, die dem Sand der Wüste widerstanden hatten,
zeigten sich auch dem Harschschnee gewachsen. Inzwischen, einige
Jahre und Pferdegenerationen nach dem Umzug, sind die ehema-
ligen Weiler Araber der Stolz des Baden-Württembergischen Haupt-
und Landgestüts Marbach a. d. Lauter – und weltweit so anerkannt,
dass einige von ihnen in die Vereinigten Emirate nach Arabien
zurückverkauft wurden. Wahrscheinlich werden die an die schwäbi-
schen Winter gewöhnten Schimmel dort keine Probleme haben –
die Rückadaption ans Wüstenklima wird ihnen so leicht fallen wie
ihren Vorfahren dereinst die Umstellung auf nordeuropäische Kälte.

LEBENSWEISE: SOZIALE INTELLIGENZ

Ein Faktor, der für den Erfolg von Equus caballus mindestens so viel getan hat wie die Anpassungsfähigkeit, ist die außerordentliche soziale Intelligenz von Pferden. Nicht nur, dass sie in ihrem Familienverband harmonisch miteinander leben und Kräfte dadurch sparen, dass sie sich nicht in Intrigen und Machtkämpfen gegenseitig auf die Nerven gehen; nicht nur, dass sie sich mittels einer sehr differenzierten Sprache miteinander verständigen können – nein, sie sind offenkundig auch zur Kommunikation mit anderen Wesen fähig. Pferde sprechen Fremdsprachen – so verstehen sie zum Beispiel die Körpersprache und vermutlich auch die Laute ihrer Fressfeinde. Und auch darin wiederum haben sie ihre Anpassungsfähigkeit bewiesen.

Die spanischen Pferde, die einst nach Amerika eingeführt wurden und dort verwilderten, hatten vermutlich Erfahrung mit Wölfen und Bären – aber Raubkatzen wie der amerikanische Puma waren ihnen gänzlich fremd. Dennoch haben sie offensichtlich schnell gelernt, die Bergkatzen und ihr Verhalten richtig einzuschätzen – schnell und gut genug, dass der Appetit der Pumas auf saftigen Fohlenbraten der zunehmenden Ausbreitung der verwilderten Pferde in Amerika keinen Abbruch tun konnte.

DIE URFURCHT VOR DEM HUND

Und als die ersten Pferde nach Australien kamen, meinten vielleicht ein paar Dingos, ihren Speisezettel künftig des Öfteren um ein Pferd bereichern zu können, aber sie täuschten sich. Irgendwo im Instinktprogramm des Pferdes hatte sich die Urfurcht vor im Rudel jagenden Hunden erhalten, und wenn auch das, was die Pferde vielleicht in ihrer Heimat über Wölfe und ihre Jagdtechniken gelernt hatten, nicht hundertprozentig auf Dingos zu übertragen war – das Wissen reichte doch, auch die Sprache der Dingos verstehen zu lernen und Abwehrstrategien gegen sie zu entwickeln, die die Ausbreitung von Pferden auf dem australischen Kontinent ermöglichten. Übrigens in so hohem Maße, dass die wild lebenden Brumbies inzwischen teilweise zur Jagd freigegeben werden müssen, weil sie als Nahrungskonkurrenten für die einheimische Tierwelt Australiens gefährlich werden.

Aber eine der größten Verständigungsleistungen der Pferde ist vermutlich die Kommunikation mit uns, den Menschen. Wir, die wir uns vor allem in früheren Zeiten unserer Geschichte gern als „Beherrscher der Natur" und ihrer Geschöpfe gesehen haben, schreiben in unseren Büchern meist, dass wir uns die Pferde „untertan" gemacht haben.

WENN SIE NICHT GEWOLLT HÄTTEN ...

Man könnte ganze Bibliotheken mit „Reitlehren" füllen, die vor allem dem Ziel dienen, ein dem Menschen gehorsames Pferd herbeizuführen, und dabei eine Kleinigkeit total übersehen: dass 70 Kilogramm Mensch gegen 600 Kilogramm Pferd chancenlos wären, wenn das Pferd nicht mitspielen würde. Sicher haben wir Menschen Hilfsmittel erfunden, die es uns ermöglichen, das Pferd zu beherrschen – aber ohne die Kooperationsbereitschaft des Pferdes würden wir ihm ja noch nicht einmal so nahe kommen, dass wir die Hilfsmittel ohne Gefahr für Leib und Leben einsetzen könnten! Auch wenn Pferde von Natur aus Fluchttiere sind, heißt das noch lange nicht, dass sie feige sind. Jeder, der einmal gesehen hat, wie eine Stute ihr Fohlen verteidigt oder der Hengst sich mit seinem Rivalen auseinander setzt, weiß, dass sie sich durchaus zu wehren wissen. Und wo wären wir, die fragilen, kleinen Menschen, wenn die Pferde mit Zähnen und Hufen auf uns losgehen würden? Wo blieben wir, die wir selbst bestens trainiert nicht den Schimmer einer Chance haben, mit der Galoppgeschwindigkeit eines Pferdes mithalten zu können, wenn das Pferd nicht bereit wäre, auf uns zu warten? Haben wir die Pferde ausgetrickst? War es unsere überlegene Intelligenz, die uns das Pferd „untertan" gemacht hat? Wenn es nur das wäre, warum wurden dann in Afrika, wo die Wiege der Menschheit stand, die Zebras – immerhin nahe Verwandte des Pferdes – nicht zu Gefährten der Menschen? Warum ist nie jemand auf die Idee gekommen, ein Nashorn vor den Pflug zu spannen und seinen Karren von Antilopen ziehen zu lassen?

Geballte Energie:
600 Kilogramm Andalusierhengst – ohne seine
Kooperationsbereitschaft geht nichts.

20 | 21

Tatsache ist, dass die Verbindung zwischen Mensch und Pferd nur deswegen so gut funktionieren konnte, weil beide Teile zur Verständigung bereit waren – und das vermutlich, weil beide Teile davon profitierten. Es war ein Geschäft auf Gegenseitigkeit: Wir Menschen brauchten das Pferd, um auf seinem Rücken unseren Bewegungsradius zu erweitern. Die Pferde aber profitierten von uns, weil wir ihnen in einer immer enger werdenden Natur einen geschützten Lebensraum boten, in dem sie sich vermehren und zu ihrer heutigen Rassevielfalt finden konnten. Dahinter steckt übrigens in beiden Fällen das, was Naturforscher unter dem Schlagwort „Egoismus der Gene" abhandeln.

LEBENSART: KOOPERATION

Evolutionsbiologen vertreten heute die These, dass Fortpflanzung die Triebfeder allen Lebens ist. Das Individuum, sei es ein primitiver Einzeller, ein kleiner Fisch im Ozean, ein großer Elefant auf der Steppe, ein Pferd in unseren Ställen oder wir Menschen, werde in seinem Tun und Lassen von keinem anderen Ziel so sehr beeinflusst wie von dem, seine Gene weiterzugeben und durch Fortpflanzung zu erhalten. Je größer dabei der Genpool einer Art wird, desto erfolgreicher ist sie. Wer möglichst viele verschiedene Gegenden besiedelt, in seiner Nahrungsauswahl flexibel bleibt und sich in möglichst vielen Varianten vermehrt, der ist vor dem Aussterben – vom Standpunkt der Gene her gesehen ja der „Worst case"– fast sicher.

Eine Naturkatastrophe wie Trockenheit oder Überflutung in einem bestimmten Bereich des Lebensraums bringt nicht gleich die ganze Art um, sondern führt nur dazu, dass nach dem Ereignis der Bestand aufgefüllt und die „artfreie" Ecke wieder neu besiedelt werden muss. Wie schnell das gehen kann, gehört zu den Wundern der Schöpfung, die selbst gestandene Biologen immer wieder staunen lassen. Doch auch dahinter steckt das Streben nach Erhalt und Vermehrung der Gene.

KOOPERATION STATT VERDRÄNGUNG

Evolutionsforscher sagen, dass die Fortpflanzung alles bestimmt – nicht nur das Zusammenleben einer Art, sondern auch ihren Umgang mit anderen. Dabei ist aber nicht, wie von selbst ernannten „Darwinisten", die Darwin leider nicht verstanden haben, behauptet, „Verdrängung" und „Ausrottung" das Mittel der Wahl, sondern in vielen Fällen – weil sehr viel effizienter und weniger gefährlich – Kooperation. Die Vögel, die den Mungos helfen, ihre Beute auszumachen, profitieren davon, weil sie auf diese Art Bissen abbekommen, die sie allein nicht hätten erjagen können. Das macht sie stärker und erhöht ihre Chancen, viele überlebensfähige Küken in die Welt zu setzen. Der Krebs, der einer giftigen Anemone die Ansiedlung auf seinem Rücken erlaubt, ist künftig davor sicher, gefressen zu werden, und steigert die Wahrscheinlichkeit, dass er zur Geschlechtsreife heranwächst und sich fortpflanzen kann. Andersherum bekommt die Anemone auf ihrem beweglichen Untergrund mehr zu fressen und bessere Möglichkeiten, sich zu vermehren. Verdrängung und Bekämpfung des anderen würde sie Kraft kosten. Zusammen sind sie stark. Und so war es wohl auch mit uns Menschen und den Pferden.

Symbiose macht stark:
Pferd und Vogel in der französischen Camargue.

24 | 25

Mitarbeiter auf vier Hufen:
Jahrhundertelang waren sie unentbehrlich.

DER SCHRITT VOM FUSSGÄNGER ZUM REITER

Unsere Kulturentwicklung ist mit keinem anderen Lebewesen so eng verbunden wie mit dem Pferd. Es war vielleicht die Domestizierung von Kuh und Schwein, die den frühen Menschen das Überleben in einer rauen Welt sicherte, aber der Schritt vom Fußgänger zum Reiter war es vermutlich erst, der unsere Geschichte geprägt hat. Mit ihm verbunden war nämlich eine Erweiterung der Welt dieses Menschen. Vorher hatten ihn seine Wanderungen immer so weit geführt, wie ihn die eigenen Füße trugen – und selbst wenn wir annehmen, dass unsere nicht verweichlichten Vorfahren flotter unterwegs waren als wir: Sehr viel mehr als 20 bis 30 Kilometer am Tag werden auch sie nicht zurückgelegt haben. Mit dem Pferd aber konnten sie diese Distanz in ein paar Stunden bewältigen – und abends wieder zu Hause sein. Sie konnten Wälder durchdringen, die für den Fußgänger unwegbar waren, sie konnten durch Flüsse schwimmen, in die sie sich allein nicht getraut hätten, und sie knüpften Kontakte zu Menschen, die vorher unerreichbar für sie gewesen waren.

Mit diesen Kontakten verbunden war die Entwicklung von Handel und Gewerbe. Die Fußgänger waren noch darauf angewiesen, das, was sie zum Leben brauchten, selbst herzustellen oder eben in einem nahen Umfeld zu besorgen. Ein Reiter, der in der Nähe von Felsen wohnte, konnte den dort gefundenen und bearbeiteten Feuerstein im fruchtbaren Tal gegen Getreide tauschen. Er musste nicht mehr selbst mühsam steinige Böden beackern und gleichzeitig ersparte er dem Bauern aus dem Tal den weiten Weg ins Gebirge. So profitierten beide davon, dass einer von ihnen beritten war. Und beide wussten, dass sie diesen Profit dem Pferd verdankten.

Das Pferd als eine der wichtigsten „Entdeckungen" der Frühzeit
brachte durch vermehrten Handel die Sprachentwicklung einen
großen Schritt vorwärts. Sein Einfluss schlug sich auch in vielen
sprachlichen Ausdrücken nieder. Wir verwenden heute noch
Metaphern und Sprichwörter wie „Den sticht wohl der Hafer".
Wir zäumen noch heute das Pferd von hinten auf, während die
Engländer den Karren vor das Pferd spannen. Wir sind gestiefelt
und gespornt, wenn wir zu einer Unternehmung aufbrechen,
und wir schauen einem geschenkten Gaul nicht ins Maul.

DIE WEISHEITEN AUS DEM MORGENLAND

Doch weit über die Sprache hinaus haben Pferde auch unsere
Kultur geprägt. Vielleicht würden wir heute noch in zugigen Burgen
sitzen, wenn die Ritter (das Wort kommt übrigens von „Reiter")
im Mittelalter nicht zu Pferd bis in den Orient gekommen wären.
Von den Kreuzzügen haben sie uns nämlich das Glas mitgebracht
und die arabischen Zahlen, die ernsthafte Mathematik erst möglich
machten; unzählige Gewürze, Heilpflanzen und feine Stoffe;
die Kunst der Metallbearbeitung und andere Handwerkstechniken.
Der „Preis", den wir den Pferden dafür bezahlt haben, war das
Einräumen einer Überlebensnische, wie sie sie in der von uns
Menschen immer eingeengteren Natur nicht hätten finden können.
Während andere Tierarten durch den Menschen verdrängt wurden,
ausgestorben oder kurz vor dem Aussterben sind, vermehren sich
die Pferde in menschlicher Obhut weltweit, obwohl die technische
Entwicklung sie längst überholt hat.

Ein-PS-Hafermotor:
Geduldig und sanftmütig wartet der Kaltblüter
auf seinen Einsatz.

DAS GESCHENK DER PFERDE

Vielleicht hat es damit zu tun, dass die Pferde und wir über Jahrtausende Partner im Kampf ums Überleben unserer jeweiligen Art waren. In der Zeit haben wir uns aneinander gewöhnt. Wir haben Wege gefunden, uns miteinander zu verständigen, wir sind Freunde geworden. Das ist keine Einzelleistung des Menschen. Auch wenn er vermutlich die treibende Kraft dahinter war – ohne die Sanftmut des Pferdes, ohne seine Kooperationsfähigkeit, ohne seine Sensibilität wäre es nicht möglich gewesen, vom Arbeits- und Kampfpartner zum Freizeitgefährten zu werden. Die Esel, früher nicht weniger wichtig als das Pferd, haben den Schritt nur bedingt geschafft. Zugochsen gibt es so gut wie keine mehr. Aber Pferde sind da – und erfreuen uns durch Schönheit, beglücken uns durch Zärtlichkeit und schenken uns etwas, wonach wir uns in unserer industrialisierten Welt mehr und mehr sehnen: den Kontakt mit der Natur und einer „Wahrheit", die so alt ist wie die Welt. Pferde lügen nicht, sie machen uns nichts vor, sie mögen uns, ohne nach unserem Status und unserem Kontostand zu fragen. Für das Pferd zählt nur das Wesentliche, das, was uns ausmacht, was bleibt, wenn wir Sein statt Haben rechnen. Mit Pferden zu leben und sie kennen zu lernen bereichert uns und eröffnet uns immer wieder den Blick auf die Natur in einer ihrer schönsten Erscheinungsformen.

Vom Waldbewohner zum

Millionenobjekt

„Gut Ding will Weile haben", sagt man – und wenn an diesem Satz etwas dran ist, dann muss das Pferd ein ausgesprochen gutes „Ding" sein, denn es hat sich für seine Entwicklung eine sehr lange, aber keinesfalls langweilige Weile gegönnt. Um genau zu sein – was in evolutionsbiologischen Termini keineswegs einfach ist: Equus, wie wir ihn heute in seinen verschiedenen Formen kennen, existiert seit ungefähr 70 Millionen Jahren. So alt sind jedenfalls die ältesten Knochenfunde, die von Urzeitforschern als Prototypen der heutigen Equiden erkannt und eingeordnet wurden.

70 Millionen Jahre – in diese Zeit fiel der Übergang vom Meso-zoikum, dem urgeschichtlichen Mittelalter, zum Känozoikum, der sogenannten „Neuzeit". Der Anfang dieser Neuzeit war die Periode, in der die Dinosaurier die Erde bevölkerten. Die meisten von ihnen pflanzten sich fort, indem sie Eier legten. Das ist kein schlechtes Konzept – immerhin hat es den Vögeln, Reptilien, Insekten und Fischen bis heute zum Überleben gedient. Aber in der großen Experimentierstube Natur war nie ein Konzept so gut, dass nicht Alternativen dazu ausprobiert wurden – und eine Alternative, wenn nicht sogar eine Verbesserung des Eierlegkonzeptes war die Entwicklung der Plazentatiere, die ihre Brut im Körper der Mutter heranreifen lassen und schließlich lebend gebären.

Haustier Pferd?
„Glaubt nicht an Koppeln, Ställe, Weiden als die Heimat eurer Pferde – ihr die ihr Pferde liebt. Die Weite allein lebt in der Seele, lebt im Auge der Pferde edler und unverkümmerter Art. Glaubt nicht an das Haustier, weil es Haus und Hof mit euch teilt."

RUDOLF G. BINDING,
„DAS HEILIGTUM DER PFERDE"

Stute kurz vor der Geburt:
in sich gekehrt
und doch der Welt zugewandt.

36 | 37

Die Vorteile der Plazentatiere liegen auf der Hand: Der Nachwuchs ist während des Embryonalstadiums vor Feinden sicher – abgesehen natürlich von denen, die die Mutter fressen. Aber da ein totes Muttertier auch keine Eier mehr ausbrüten kann, gibt es für diesen Nachteil gegenüber dem anderen Konzept keine Minuspunkte.

DIE PLAZENTA: PLUSPUNKT IN SACHEN EFFIZIENZ

Dafür gibt es für das Plazentakonzept Pluspunkte in Sachen Effizienz: Wer Eier legen will, muss einen großen Teil der Ressourcen, die er in seinen Nachwuchs investieren will, zum Zeitpunkt der Eiablage aufbringen. Dabei geht er das Risiko ein, seine Investition durch Umwelteinflüsse (wie zum Beispiel einen Kälteeinbruch oder heftigen Regen, der das Nest unterspült) zu verlieren. Außerdem ist er, weil er ja brüten und die Küken betreuen muss, noch für Tage oder gar Wochen an das Nest gebunden. Das Tier dagegen, das seinen Nachwuchs im Körper heranzieht, investiert seine Ressourcen nicht auf einmal, sondern in kleinen Portionen während der Reifezeit seiner Embryonen. Bei Fehlentwicklungen, wie sie ja häufig vorkommen, kann es die Schwangerschaft abbrechen und im Frühstadium sogar oft die Frucht wieder auflösen. Außerdem ist ein trächtiges Muttertier nicht ortsgebunden wie ein brütendes. Vor allem in den frühen Stadien der Schwangerschaft kann es fast unbeeinflusst seinen täglichen „Geschäften" wie Futtersuche und Feindvermeidung nachgehen.

DER PREIS DER ENTWICKLUNG

Allerdings verlangt die körperintern betriebene Brut etwas, das vor
70 Millionen Jahren noch keine sehr weit verbreitete Idee war:
eine von Außeneinflüssen unabhängige, gleich bleibende Körper-
temperatur. Nur sie ermöglichte den Plazentatieren, ihre befruchte-
ten Eier im Körper auszubrüten. Sie verlangt aber gleichzeitig einen
höheren Energieeinsatz, wie sich noch heute zeigt: Wechselwarme
Reptilien können schlechte Zeiten, in denen das Wetter lausig
und das Futterangebot unbefriedigend ist, überstehen, indem sie
sich zurückziehen, alle Körperfunktionen herunterschrauben und
in Kältestarre verfallen. Säugetieren ist das nicht möglich. Wenn
sie nicht genug Futter finden, um alle Körperfunktionen aufrechter-
halten zu können, gehen sie ein.

Dieser Nachteil hat sich aber in der Frühgeschichte als Vorteil erwiesen. Die wechselwarmen, Eier legenden Großdinosaurier sind
vermutlich während einer langen Kälteperiode der Erde ausgestorben. Die kleinen Formen – und mit ihnen eben auch die, die schon
den ersten Entwicklungsschritt zu Plazentatieren gemacht hatten –
überlebten diese Eiszeit und entwickelten sich weiter.

An diesem Punkt der Urgeschichte nun zeigen die meisten Sche-
mata in Lexika und Biologiebüchern, wie sich der Stammbaum
des Lebens in zwei große Zweige aufspaltet: auf der einen Seite
die Eier legenden Spezies, auf der anderen Seite die Plazentatiere. Und von hier aus weitergehend dann in den beiden Zweigen
die Verästelungen: bei den Eierlegern die Vögel, die Reptilien
und Fische; bei den Plazentatieren die großen Meeressäuger, die
Nagetiere, Raubtiere und Huftiere.

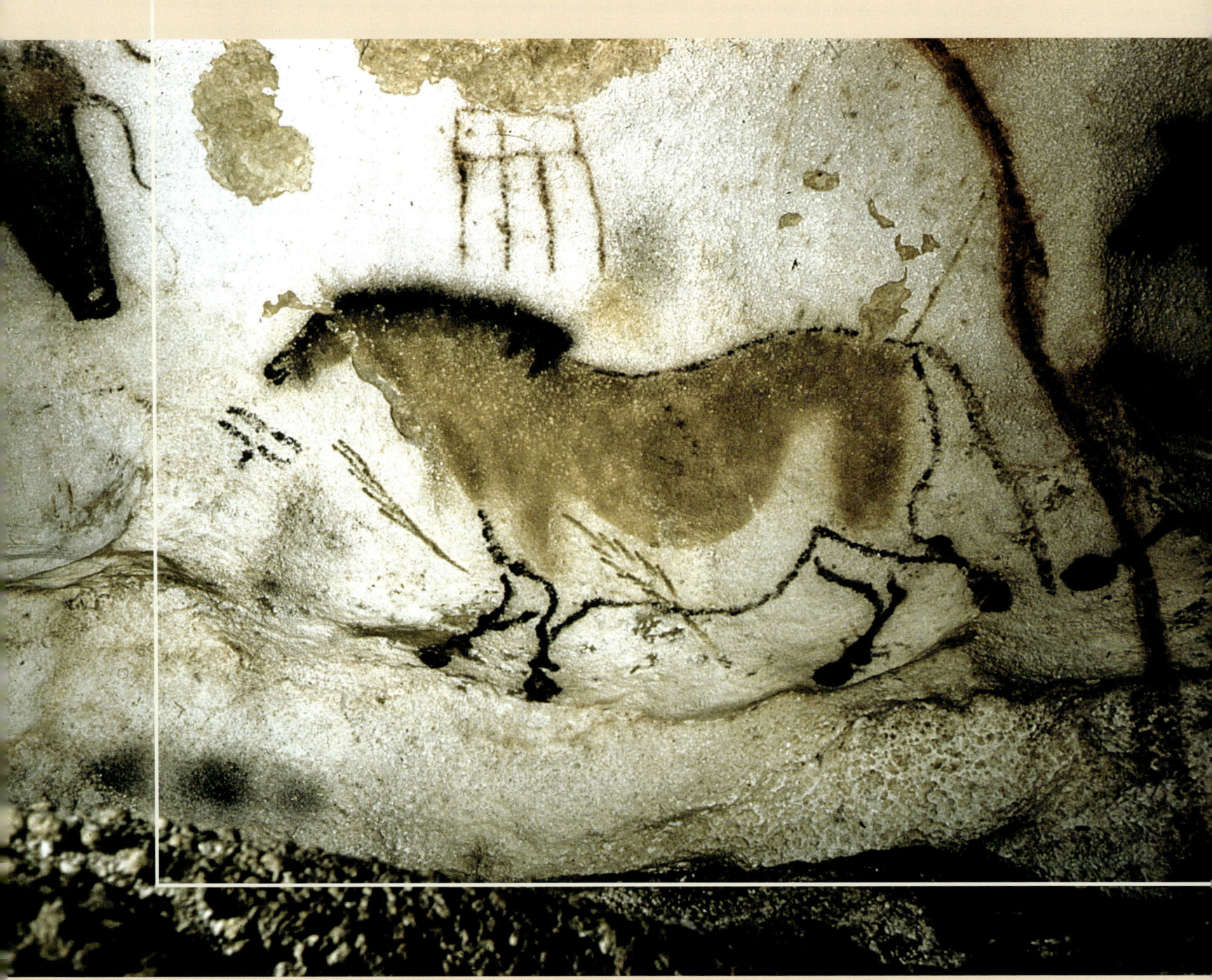

„Nebenformen" wie zum Beispiel die Beutel- und Kloakentiere wurden in diesen schematischen Darstellungen irgendwo am Rand abgehandelt – Darwin als Begründer der Evolutionstheorie folgend in dem Sinne, dass Evolution immer „Weiterentwicklung" bedeutet. Ganz so einfach war es aber nicht, und das zeigt sich unter anderem an der Entwicklung des Pferdes. Die verlief nämlich nicht so linear, wie manch alte Biologiebücher es uns glauben machen wollen. Tatsache ist, dass irgendwann vor ungefähr 70 Millionen Jahren die Zeit für Equiden reif war. Und so startete Mutter Natur nicht nur einen, sondern eine ganze Reihe von Versuchen mit dieser neuen Art. Da war zum Beispiel ein Ureinwohner von Paris: das Palacotherium, dessen Überreste 1804 am heutigen Montmartre gefunden wurden. Es war ein Pferdevorläufer – aber vermutlich nicht der Stammvater der heutigen Equiden, sondern eben ein Versuch, der aus irgendeinem Grund nicht vollständig gelang und darum wieder ausstarb. Ebenso ging es dem Hyracotherium, 1840 das erste Mal in der Nähe von London gefunden. Das heutige Europa war damals offenkundig noch nicht reif für Pferdeartige – beide Arten hinterließen keine weiteren Spuren in der Entwicklungsgeschichte. Doch eine ihnen offenkundig verwandte Form, die sich in Nordamerika entwickelt hatte, war glücklicher: Eohippus, ein ungefähr 25 bis 45 cm großes Tierchen, überlebte und entwickelte sich. Es lebte damals in den nach der Eiszeit entstandenen riesigen tropischen und subtropischen Wäldern des amerikanischen Kontinents.

Höhlenmalerei im französischen Lascaux:
Schon unsere Urahnen sahen in den Urpferden
mehr als eine saftige Mahlzeit.

Auf vier Zehen:
Pferdevorfahr Eohippus.

VORFAHREN: VIER ZEHEN WERDEN ZU EINEM HUF

Seinen Zähnen nach ernährte sich Eohippus von Blättern und überlebte vermutlich als Einzelgänger, indem er sich vor seinen Feinden
im Unterholz versteckte. Dabei half ihm auf den feuchten, weichen
Böden der Wälder, dass er ein Zehengänger war: Er hatte jeweils vier
– natürlich spreizbare – Zehen an den vorderen Beinen und jeweils
drei an den hinteren. Das verhinderte Einsinken und machte es
wahrscheinlich auch möglich, sich beim Auftauchen eines hungrigen
Säbelzahntigers leise zu verziehen.

Offenkundig konnte Eohippus auf seinen Zehen aber auch wacker
marschieren, denn im Jungtertiär (also vor ungefähr 15 Millionen
Jahren) tauchte Eohippus dann auch in Europa auf. Unter anderem
wurden Reste eines versteinerten Urpferdchens in der Grube Messel
bei Darmstadt gefunden.

Zu dieser Zeit war Eohippus in Amerika wahrscheinlich schon
ausgestorben, dafür aber in Europa umso erfolgreicher: Den
Frühzeitforschern sind mehr als zehn verschiedene Formen des
Urpferdchens Eohippus bekannt.

Sie vermehrten sich eifrig, sie probierten während der nächsten paar
Millionen Jahre nach dem Prinzip „Trial and error" verschiedene
mehr oder minder erfolgreiche Mutationen zur Verbesserung ihrer
Art aus, und sie wurden vermutlich im Lauf dieser Entwicklungszeit
im Wald schon etwas größer. Doch der nächste entscheidende
Schritt in ihrer Entwicklung wurde von außen angestoßen: Irgendwann gegen Ende der urgeschichtlichen Neuzeit wurde es wärmer
auf der Erde.

Bis dahin hatten sich Eiszeiten und warme Phasen abgewechselt,
nun kam es zum ersten Mal zu einer sehr langen Warmzeit – die
übrigens bis heute anhält.

Mit ihr begann die Entwicklung der Menschheit. Überall da, wo
das Eis zurückging, also in Afrika, Asien und Europa, entwickelten
sich Hominiden, die Stammväter des heutigen Homo sapiens.
Vermutlich ist ihr Entstehen mit dem verbunden, was auch
Eohippus verwandelte: Durch die zunehmende Erwärmung der Erde
verschwanden die großen Wälder mehr und mehr. Immer weitere
Gebiete, die jahrtausendelang mit riesigen Farnen und frühen
Bäumen bedeckt waren, wurden zur Steppe, und in den noch
bestehenden Wäldern wurde es für die Bewohner immer enger.
Die Nahrungskonkurrenz wurde größer, das Futter knapp, die
Möglichkeiten, sich im Unterholz zu verstecken, schwanden dahin.
Wer überleben wollte, musste sich ein neues Konzept ausdenken –
und das bestand bei den Vorfahren der Hominiden wie auch
bei den Urpferden darin, dass sie sich aus dem Wald heraus auf
die offene Steppe trauten.

GEGENWART: GRÖSSE HAT IHRE VORTEILE

Doch auf der Steppe war die bisherige Größe, die im Wald durchaus ein Vorteil gewesen war, weil sie Verstecken im Unterholz erlaubte, plötzlich ein Nachteil. Die Hominiden begegneten ihm, indem sie sich aufrichteten, um den Überblick zu bewahren. Die frühen Pferde dagegen wuchsen. Innerhalb einer – in Termini der Evolution gesehen! – kurzen Zeit, nämlich ein paar tausend Jahren, wurde aus dem bis dahin ungefähr fuchsgroßen Waldbewohner Eohippus der

Eine Erfolgsgeschichte:
Es dauerte zwar 25 Millionen
Jahre, bis sich der schafsgroße
Mesohippus zum schon sehr
pferdeähnlichen Merychippus
entwickelt hatte,doch das
Überleben der Art war damit
garantiert.

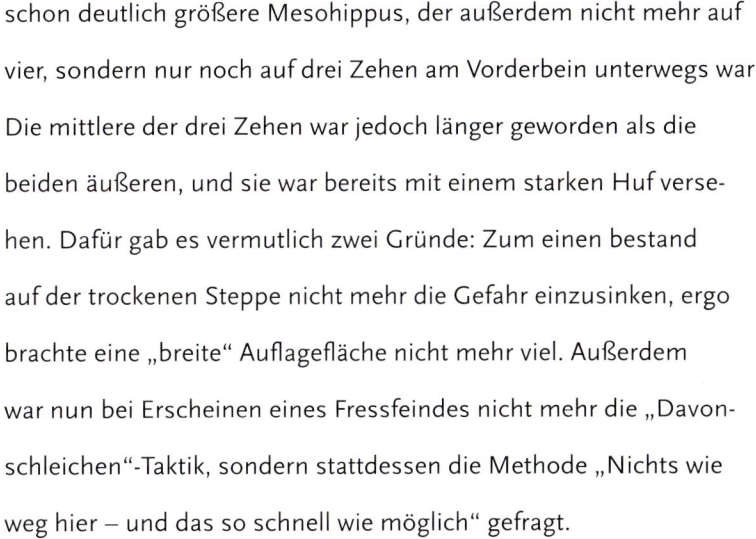

schon deutlich größere Mesohippus, der außerdem nicht mehr auf
vier, sondern nur noch auf drei Zehen am Vorderbein unterwegs war:
Die mittlere der drei Zehen war jedoch länger geworden als die
beiden äußeren, und sie war bereits mit einem starken Huf verse-
hen. Dafür gab es vermutlich zwei Gründe: Zum einen bestand
auf der trockenen Steppe nicht mehr die Gefahr einzusinken, ergo
brachte eine „breite" Auflagefläche nicht mehr viel. Außerdem
war nun bei Erscheinen eines Fressfeindes nicht mehr die „Davon-
schleichen"-Taktik, sondern stattdessen die Methode „Nichts wie
weg hier – und das so schnell wie möglich" gefragt.

MIT KLAUEN UND ZÄHNEN

Außer den Zehen veränderten sich auch die Zähne des Frühpferdes,
der Umstellung von Blättern auf Gräser als Hauptfutter folgend.
Und der Veränderung der Zähne folgte die Kopfform: Der Schädel
eines Mesohippus ist schon deutlich länger als der eines Eohippus.
Und mit jeder neuen „Modellreihe" wurden die Hippiden dem
heutigen Equus caballus ähnlicher: Merychippus als Nachfolger von
Mesohippus hatte vermutlich schon um die 80 cm Schulterhöhe
und stand hauptsächlich auf dem inzwischen sehr kräftig gewordenen Zeh Nummer drei, während zwei und vier schon reichlich
verkümmert aussahen. Die nächste „Baureihe", der Pliohippus,
hatte die verkümmerten Zehen dann vollends abgeschafft: Nummer
drei war zu einem Huf herangereift, mit festem, aber doch elasti-
schem Horn umkleidet, ideal, um sich auf relativ harten Böden
schnell fortbewegen zu können. Der Schädel war noch länger und
schmaler geworden, die Zähne noch deutlicher auf das Fressen
spezialisiert, das die Steppe anbot: vorne eine Reihe vorwärts gerich-
teter Zähne, ideal zum Grasrupfen, dahinter eine Reihe flacher,
kräftiger Mahlzähne.

EQUUS GEHT IN SERIE

Und ein paar tausend Jahre später war dann Equus da: ungefähr
125 bis 135 cm groß, auf vier Hufen unterwegs, mit seitlich am Kopf
angebrachten Augen, die fast 360 Grad-Rundumsicht ermöglichen,
mit großer Nasenöffnung, in der jede Menge Riechzellen Platz
haben und mit der viel Luft eingesogen werden kann, was einen
hohen Sauerstoffumsatz im Körper und damit schnelle Fortbewegung ermöglicht.

Irgendwann in dieser Zeit kam es zu den ersten Kontakten zwischen
Mensch und Pferd, wobei dieser vermutlich darin bestand, dass
unsere Vorfahren die Ahnen der heutigen Pferde als schmackhafte
Bereicherung ihres Speiseplans entdeckten. Doch mehr als „Steak"
müssen die Urmenschen in den Urpferden schon gesehen haben –
warum sonst hätten unsere frühen Vorfahren Pferde zum Gegen-
stand ihrer ersten kreativen Hinterlassenschaften machen sollen?
Das früheste figurative Kunstwerk des Menschen, das wir bislang
kennen, ist ein Steinpferdchen. Und auch die frühen Höhlenzeich-
nungen der Menschen zeigen immer wieder Pferde.

Das Erstaunliche dabei ist, dass die Pferde auf den Höhlenzeich-
nungen nicht viel anders aussehen als die einzige echte Wild-
pferderasse, die wir heute noch kennen: die Przewalski-Pferde.
Sie wurden von Oberst Nikolaj Michailowitsch Przewalski in der
Mongolei entdeckt.

Typisch für sie ist die Tarnfarbe Braun mit Mehlmaul, dunklem
Aalstrich auf dem Rücken, dunklen Beinen und einem hellen Spiegel
auf dem Hinterteil. In ihrem ursprünglichen Lebensraum verschmelzen sie durch ihre Farbgebung fast mit ihrer Umgebung – vielleicht
ein Grund, warum sie erst so spät entdeckt worden sind. Leider hat
ihre Tarnung die Przewalski-Pferde nicht davor bewahrt, fast aus-
gerottet zu werden.

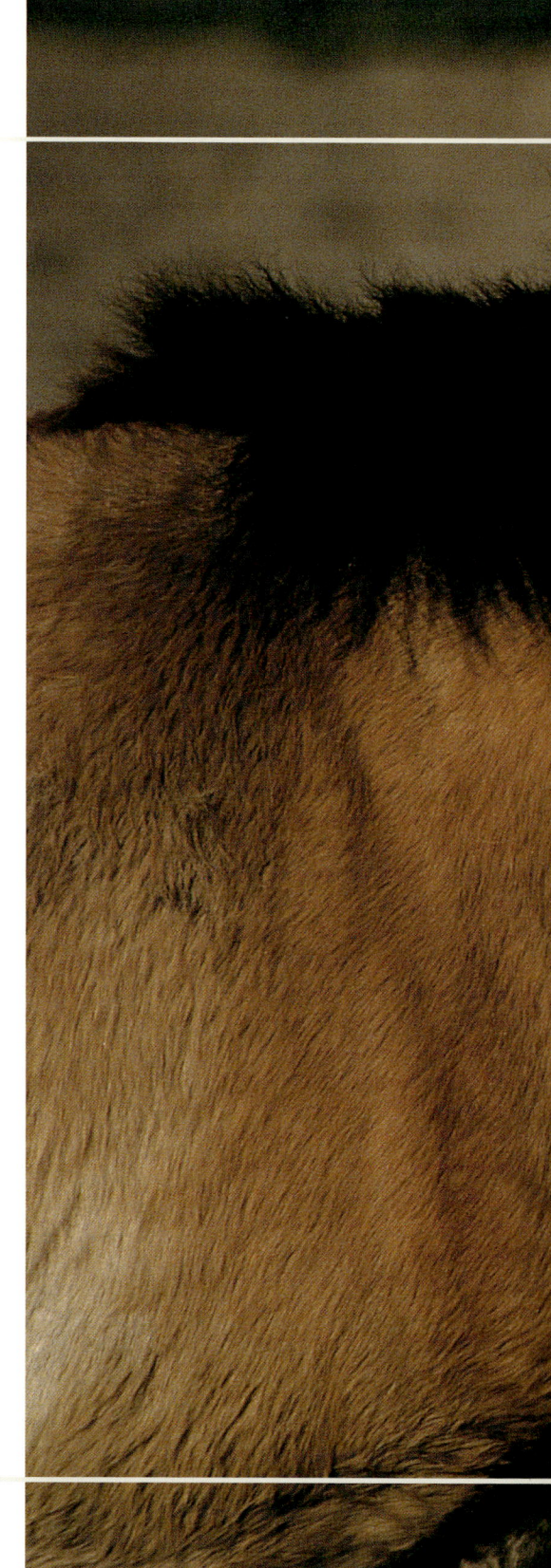

Ganz nahe am Urpferd:
eine Przewalski-Stute, Angehörige
einer fast ausgestorbenen Rasse.

Die gestreifte Verwandtschaft:
Zebras sind die Vettern und Basen
unserer Pferde.

Doch nun besteht wieder Hoffnung für sie: Nachdem die Przewalski-Pferde für lange Zeit nur noch in Zoos zu besichtigen waren, wurde vor einiger Zeit ein Auswilderungsprojekt in der Mongolei gestartet, das inzwischen erste Erfolge zeigt.

Doch wie schon erwähnt: Evolution verläuft nicht geradlinig von Punkt A über B nach C. Es gibt immer Seitenzweige und Verästelungen im Stammbaum einer Art. Die Gattung der Equiden hat sich in ihrer bisher letzten Evolutionsstufe in drei Familien aufgeteilt: Equus caballus, also die „Hauspferde", zu denen alle uns bekannten Rassen, angefangen vom Island-Pony über den Araber bis zum riesigen Shire-Horse, gehören; Equus asinus, also sämtliche Eselrassen, angefangen von den abessinischen Wildeseln bis hin zu den heute sehr selten gewordenen Poitou-Eseln, und Equus zebra mit seinen Unterformen Equus burchelli und Equus grevyi sowie dem inzwischen ausgerotteten Equus quagga.

STREIFEN: SINNVOLLE EXTRAVAGANZ

Dabei ist übrigens das Streifenmuster, das alle Zebras ziert, keineswegs nur eine Mode, die irgendwann bei den afrikanischen Equiden aufgekommen ist, sondern erfüllt einen Zweck: Man hat inzwischen festgestellt, dass Zebras nicht gegen das Gift der Tsetse-Fliege resistent sind. Sie werden, im Gegensatz zu ihren europäischen Vettern nur viel weniger von den Fliegen gepeinigt. Denen fällt es nämlich offenkundig schwer, unter dem Streifengeflirre eines Zebrafells ein potenzielles Opfer zu erkennen. So dient also das Fellmuster der Zebras dem Schutz vor diesen Insekten. Ganz nebenbei erfüllt es noch einen Zweck: Da jedes Zebra ein individuelles Muster trägt, können sich Familienmitglieder daran erkennen.

Vettern mit langen Ohren:
Poitou-Riesenesel.

VERHALTEN: KOMMUNIKATION ALS ÜBERLEBENSKONZEPT

Mindestens ebenso wichtig wie die körperlichen Veränderungen, die Equus beim Umzug aus dem Wald auf die Steppe zu bewältigen hatte, waren aber die Veränderungen seines Sozialverhaltens. Eohippus war vermutlich ein Einzelgänger, der sich nur zur Paarungszeit mit seinesgleichen traf, aber ansonsten seiner Wege ging – was klüger war, denn einer versteckt sich leichter als zwei oder gar drei. Daher war Eohippus vermutlich nicht besonders kommunikativ – warum denn auch? Das bisschen Paarungsritual war einfach abzustimmen, und mehr Unterhaltung mit Artgenossen brauchte er nicht.

Doch auf der Steppe wurden Kommunikation und Sozialverhalten plötzlich sehr wichtig. Dort hatten Einzelgänger es nämlich schwer, denn sie hatten ja nicht nur nach Futter und Wasser zu suchen, sondern mussten gleichzeitig immer Augen und Ohren offen halten, um die Annäherung eines Fressfeindes im hohen Gras rechtzeitig erkennen zu können. Und da die Fressfeinde, wie zum Beispiel die Großkatzen oder im Rudel jagende Hundeartige, natürlich ebenso wie die Pferde versuchten, so effizient wie möglich durchzukommen, würde der Job „Wache halten" auf der Steppe leicht zu einer 24-Stunden-Beschäftigung gedeihen: Morgens könnte ein hungriger Gepard Appetit auf Pferdebraten haben, nachmittags fällt Frau Löwe ein, dass ihr Pascha durch eine große Portion Pferdeschinken davon abgehalten werden könnte, ihren Nachwuchs zu verspeisen, und in der Nacht machen sich dann die Hyänen auf, um ihren Hunger zu stillen. Wer da allein überleben will, muss sich entweder als „unappetitlich" präsentieren, wie zum Beispiel ein Stachelschwein, oder er muss sich eingraben können, wie zum Beispiel die Erdhörnchen.

Den Pferden war eine solche Möglichkeit nicht gegeben – und so entdeckten sie Teamwork als Möglichkeit des Überlebens: Wenn zwei oder mehr Pferde sich zusammentun und umschichtig die Wache übernehmen, reduziert sich die Zeit, in der jeder Einzelne aufzupassen hat. Damit bekommt er Luft für die Futtersuche und natürlich auch die Gelegenheit, einmal in aller Ruhe ein Schläfchen zu halten. Aufeinander aufzupassen setzt aber zwei Dinge voraus: zum einen, dass man nicht nur an sich selbst denkt, und zum anderen, dass man lernt, sich miteinander zu verständigen.

MEISTER DER SIGNALSPRACHE

Die Equiden haben das sehr gut gelernt – sie sind heute Meister der subtilen Signalsprache.Dabei sind sie durch die denkbar härteste Schule gegangen, die man sich vorstellen kann. In ihr gab es nämlich nicht, wie bei uns, schlechte Noten, wenn es schief ging, sondern auf Versagen stand meist die Todesstrafe. Wer nicht verstand, was das Aufschrecken der anderen Pferde zu bedeuten hatte, hatte wenig Chancen, aus dem Fohlenfell herauszuwachsen – er endete als Futter für die Löwen. Damit war aber nicht nur das Individuum an sich erledigt, sondern natürlich auch seine Gene – zum Nutzen und Frommen der ganzen Familie. Auf diese Art wurden die „Langsamlerner" und „Nichtbegreifer" aus der Vermehrung ausgeschlossen, während die, die ihre Schulaufgaben mit Bravour meisterten, umso höhere Chancen bekamen, sich und ihre Nachkommen am Leben zu erhalten. Die ersten Pferde, die schlau genug waren, sich zusammenzuschließen anstatt sich allein durchzuschlagen, waren bei der Vermehrung erfolgreicher als die

Wachdienst:
Nur wer sich beschützt weiß,
kann in Ruhe fressen.

konservativen Einzelgänger. Ergo gab es in der nächsten Pferde-
generation schon eine ganze Reihe von Fohlen, die Kooperation von
Kindesbeinen an gelernt hatten. Die Schlausten von ihnen schafften
es, zu dem, was sie von der Mama gelernt hatten, auch noch eigene
Erfahrungswerte zu addieren. Das wiederum erhöhte ihre Chancen,
sich zu vermehren – und so lernte jede Generation ein bisschen
dazu.

NACHÄFFEN FÜHRT ZUR KULTUR

Heute weiß man, dass diese Lernprozesse, die natürlich oft über
Jahrhunderte gehen, innerhalb von Familiengruppen oder Stämmen
sogar zu etwas geführt haben, was man fast schon „Kultur" nennen
kann. So gibt es zum Beispiel bei den hochintelligenten Bonobos,
einer Unterart der Schimpansen, Familienverbände, die besondere
Tricks entwickelt haben, Werkzeuge einzusetzen – Tricks, die ihre
Nachbarn nicht beherrschen oder vielleicht nicht brauchen, weil sie
andere haben. Und man hat beobachtet, dass es auch innerhalb
von Zebraverbänden kleine, sehr subtile Unterschiede in der Sprache
gibt. Sie sind ähnlich wie unsere Dialekte – und zeigen, dass die
Evolution nicht stillsteht, sondern immer noch fortschreitet. Wir
und die Pferde sind noch lange nicht am Ende unserer Entwicklung
angekommen.

... ist nicht nur sein Himmelreich, sondern hat sich in den letzten 6000 Jahren, seit wir und die Pferde zusammengekommen sind, auch auf die Entwicklung der Vierbeiner ausgewirkt. Dabei folgte der Mensch dem Konzept der Evolution schon, bevor Charles Darwin es erkannte und beschrieb. Wahrscheinlich begann es schon zwischen 4300 und 3500 vor unserer Zeitrechnung. Damals lebten am Dnjepr Bauern, die der Sredni-Stog-Kultur zugerechnet werden. Sie waren nach Erkenntnissen von Anthropologen wahrscheinlich die ersten Reiter der Weltgeschichte. In ihren Hinterlassenschaften wurden nämlich Knochenfragmente von Pferdekiefern gefunden, die eindeutig zeigen, dass die Sredni-Stog-Menschen Pferde nicht nur als Kultobjekte verehrten und als Bereicherung ihres Speisezettels ansahen, sondern schon mit trensenähnlichen Gebissen ritten. Vermutlich gingen sie sogar noch weiter: Sie hielten ihre Pferde bei ihren Siedlungen – und vermutlich besorgten sie sich neue Pferde nicht, indem sie nach ihnen jagten, sondern auch, indem sie die Fohlen ihrer Stuten zähmten. Dass sie dabei natürlich besonderen Wert auf den Nachwuchs der Stuten legten, die sich als Reittiere besonders tauglich gezeigt hatten, kann angenommen werden. Vielleicht ging es sogar schon so weit, dass sie diese Stuten gezielt mit Hengsten zusammenbrachten, die ebenfalls gut zu reiten waren?

Wir wissen es nicht – aber wir wissen, dass in Arabien um die Zeitenwende herum schon mit Konzept und Verstand gezüchtet wurde. Und Zucht bedeutet Selektion: Die Pferde, die dem Ziel entsprechen, das man erreichen will, werden verstärkt zur Fortpflanzung animiert, während die, die durchs Raster fallen, aus der Zucht ausgeschlossen werden.

Das Pferd in der Kunst:
In allen Epochen und in allen „berittenen" Kulturen
hat das Pferd auch in der Kunst eine Rolle gespielt.

Es ist dasselbe Prinzip wie in der Natur, nur mit dem Unterschied, dass heutzutage Ausschluss aus der Vermehrung nicht unbedingt mit Entzug der Existenzberechtigung gleichgesetzt wird.

Auf jeden Fall aber führte das Eingreifen des Menschen in die natürliche Entwicklung des Pferdes dazu, dass sich die Pferde in eine andere Richtung und schneller entwickelten. Die dabei wohl auffallendste Veränderung am Pferd ist, dass es immer größer geworden ist. Im frühen Mittelalter war es, wie uns Abbildungen zeigen, in der Größe noch relativ nahe an seiner Urform: 135 bis 140 cm Schultermaß.

RITTERLICHES AUFRÜSTEN

Doch in den folgenden Jahren musste zumindest bei den europäischen Pferden einiges dranwachsen, denn es galt, nicht mehr nur Menschen zu tragen, sondern dazu ihre Waffen und Rüstungen.

So zeigen sich die Pferde der Renaissance als mächtige, muskelbepackte Streitrösser, wahre Bodybuilder im Vergleich zu ihren wildlebenden Vorfahren.

Mit der Entwicklung des Schießpulvers war dann die hohe Zeit der Ritter und ihrer Streitrösser vorbei. Die Reitpferde wurden wieder eleganter, das Barock liebte sie repräsentativ und mit hoher Knieaktion. In dieser Zeit entstanden dann zum Beispiel Rassen wie die heutigen Andalusier und Lipizzaner.

Das Barockpferd: ein Muskelprotz.

VOM SCHWERGEWICHT ZUM EDELROSS

Wieder einige Jahre später entwickelte sich dann die Landwirtschaft. Während sich in den Frühzeiten die meisten Bauern selbst vor den einscharigen Pflug gespannt hatten, wurden mehr und mehr Pferde für die harte Arbeit auf dem Feld eingesetzt, und die Arbeit dort wurde immer mehr rationalisiert. Mehrscharige Pflüge entstanden, die ersten Erntemaschinen, und um die und auch die schwerer gewordenen Wagen zu ziehen, bedurfte es kräftigerer Pferde. Die Kaltblutrassen wie zum Beispiel die riesigen englischen Shire-Horses oder die französischen Percherons, die bis zu einer Tonne wiegen und das Doppelte ihres Eigengewichts ziehen können, wurden gezüchtet.

Mit der zunehmenden Industrialisierung verlor dann das Pferd sowohl in der Landwirtschaft als auch beim Militär und als Transportmittel seine Bedeutung. Und so kam es nach dem zweiten Weltkrieg in Europa zur nächsten großen Umzüchtungs- und Entwicklungsphase: Das Pferd als reiner Sport- und Freizeitpartner wurde geboren. Und auch in dieser Rolle bewährte es sich. Zwei Zahlen zeigen das für Deutschland: In den 50er-Jahren hieß der Schlachtruf „Rettet das Pferd", denn damals war der Bestand in Deutschland auf rund 30.000 zusammengeschmolzen. Inzwischen weist das Statistische Bundesamt rund eine Million Pferde aus. Dabei reicht das Spektrum vom Minipony über amerikanische Westernpferde zu Spring-, Dressur- und Rennpferden. Die Besitzer sind Menschen, die sich den Unterhalt für ihr Ross vom Munde absparen, ebenso wie Millionäre, für die der mit Pferden edelster Abstammung gefüllte Stall ein Statussymbol ist.

Trinker der Lüfte

Was ist es eigentlich, was den Blick in und aus einem Pferdeauge so faszinierend macht? Ist es diese dunkle, mandelförmige Pupille, so ganz anders als die unsere, die uns beeindruckt? Oder zieht uns das geheimnisvolle Schimmern im Hintergrund in den Bann? Was auch immer es ist: Der Blick ins Pferdeauge gibt uns eine Ahnung davon, dass unsere Art, die Welt zu sehen, nicht die einzige ist, dass es da noch andere Sichtweisen geben muss und dass das, was für uns „mit eigenen Augen gesehene Realität" ist, nicht unbedingt die letzte und alleinige Wahrheit sein muss, sondern nur eine von vielen.

Eigentlich ist es schade, dass wir unsere Weltsicht nicht mit Pferden diskutieren können. Aber immerhin haben wir heute die Möglichkeit, uns etwas in die ihre hineinzuversetzen, denn dank der Biologie und Verhaltensforschung wissen wir eine ganze Menge darüber, wie Pferde sehen – und ja, ihr Blick auf die Welt und deren Bewohner ist ein ganz anderer als der unsere.

Eine andere Dimension
„In der Öffnung dieser Augen lebt das Bedürfnis nach Reflexen in einer anderen Weise, als wir Menschen sie verstehen, wenn wir über Ebenen gehen. In ihren Nüstern atmet ein unaufhörlicher Wind der Weite, wenn sie den Wind ihrer Koppeln, wie erstarrt stehend, in sie einziehen."

RUDOLF G. BINDING,
„DAS HEILIGTUM DER PFERDE"

Das Pferdeauge:
der Blick in eine andere Dimension.

AUGEN-BLICKE

Das beginnt damit, dass wir Menschen uns im Verlauf unserer Entwicklung darauf spezialisiert haben, sehr genau auf einen Punkt zu fokussieren. Darum stehen unsere Augen nebeneinander, darum haben wir eine so genannte „divergierende" Sehachse. Das heißt: Die Linie, auf der das linke Auge sieht, trifft sich mit der, auf der das rechte Auge guckt, an einem bestimmten Punkt – und genau an dem sehen wir dann sehr scharf, sehr detailreich und vor allem dreidimensional. Wir können mit einem Blick die Abmessungen eines Objekts in Höhe, Breite und Tiefe einschätzen – ein nicht zu kleiner Vorteil für jemanden, der seinen Lebensunterhalt mit Jagen und Sammeln erwirbt. Doch bekanntlich hat alles auf der Welt seinen Preis. Wir bezahlen unsere Scharfsichtigkeit in Details mit einem Mangel an Überblick – jedenfalls gemessen an dem Überblick, den das Pferd hat.

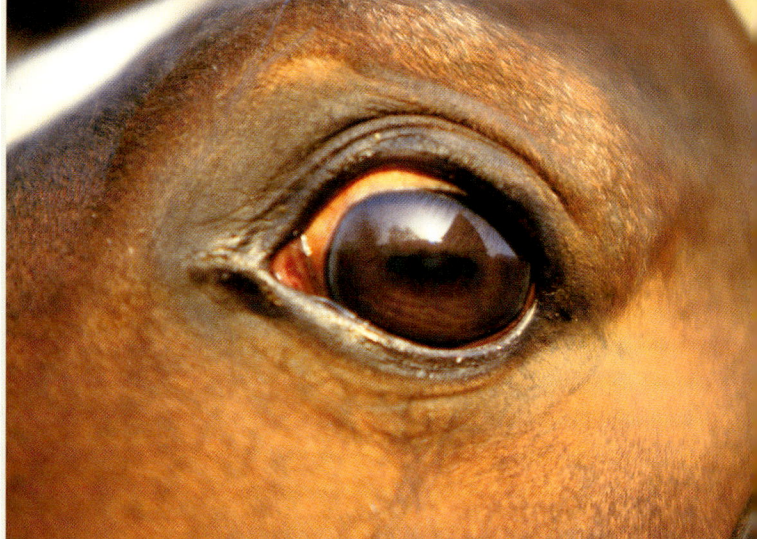

Pferde können nämlich fast alles, was rund um sie herum vorgeht, mit einem Blick wahrnehmen. Dafür sind ihre seitlich am Kopf angebrachten Augen verantwortlich, deren Sehachsen nicht wie die unsere divergierend, also auf einander zu, sondern konvergierend, das heißt voneinander weg, verlaufen. Daraus entspringt, dass Pferde nicht, wie wir, aus dem, was das linke und das rechte Auge sieht, ein einziges Bild zusammensetzen, sondern dass sie „getrennt" sehen.

Dadurch ergibt sich für das Pferd, dass es bei gehobenem Kopf praktisch seine ganze Umgebung übersehen kann – sowohl die Ereignisse, die vor ihm stattfinden, wie auch Objekte, die hinter ihm liegen. Tote Winkel in diesem Gesichtsfeld gibt es nur genau vor der Pferdenase und im Bereich des eigenen Körpers dahinter.

„GUTEN TAG – DARF ICH DICH FRESSEN?"

Ansonsten hat ein Pferd immer alles im Blick – und das muss so sein, denn sonst hätte Pferd im Leben auf der Steppe kaum eine Chance, seinen vielen und trickreichen Fressfeinden zu entgehen, die sich selbstverständlich nicht von vorne mit einem freundlichen „Guten Tag, darf ich dich fressen?" nähern, sondern eher von der Seite oder von hinten durchs Gras geschlichen kommen. Der Haken an diesem großen Gesichtsfeld ist aber, dass es an Detailschärfe zu wünschen übrig lässt. Das kann gar nicht anders sein, denn schließlich ist nicht das Auge allein für die Wahrnehmung verantwortlich, sondern das Gehirn. Das Auge dient nur als „Kamera", die dem Sehzentrum im Gehirn Informationen anliefert, aus denen dort das „Weltbild" zusammengesetzt wird. Würde nun alles, was das Pferd um sich herum über die Augen aufnehmen kann, mit solchen Unmengen von Details wie bei unserer fokussierten Sicht ans Pferdegehirn geliefert, wäre es vermutlich mit der Informationsfülle überfordert und würde es nicht mehr schaffen, sich aus den unzähligen Winzigkeiten das herauszufiltern, was wirklich wichtig ist. Darum ist davon auszugehen, dass das Pferd die Welt verschwommener sieht als wir.

Doch daraus schon zu schließen, dass das Pferd schlechter als wir sieht, wäre falsch. Das Pferd sieht anders – und genau dadurch ist es uns in einigen Punkten vielleicht sogar ein wenig überlegen. Ein Bereich, in dem Equus eindeutig mehr draufhat als Homo, ist der des „Bildfrequenzsehens". Dabei geht es darum: Wie viele

Einzelbilder pro Sekunde können als solche erkannt und im Gehirn verarbeitet werden? Bei uns Menschen liegt die Frequenz in jungen Jahren ungefähr bei 15 bis 18 Bildern pro Sekunde. Bekommen wir mehr Einzelaufnahmen pro Sekunde geliefert, versucht unser Gehirn sie zusammengefasst zu verarbeiten. Genau das passiert zum Beispiel, wenn wir einen Film anschauen: Ein Kinofilm besteht aus 24 Einzelbindern pro Sekunde, ein Fernsehfilm im PAL-System liefert 25, beim amerikanischen NTSC-System sind es sogar 30 – also ungefähr sechs bis zehn mehr, als unser Sehorgan aufnehmen und verarbeiten kann. Daher werden diese Einzelbilder vom Gehirn zu „Bewegungssequenzen" verarbeitet, wobei übrigens die „Lücken" zwischen den einzelnen Bildern automatisch gestopft werden, sodass sie uns – jedenfalls bei neuen Filmen mit dieser Bildfrequenz – nicht mehr als solche auffallen. Früher aber, als die Filmtechnik noch nicht so entwickelt war, fielen sie uns auf: Dass wir alte Stummfilme als „ruckelnd" empfinden, ist darauf zurückzuführen, dass ihre Bildfrequenz nur ganz knapp über unserer Einzelbild-wahrnehmungsfrequenz liegt.

WENN PFERDE INS KINO GINGEN ...

... würden sie sich wahrscheinlich vorkommen wie unsereins beim Betrachten eines Charlie-Chaplin-Filmes. Ihre Wahrnehmungs-frequenz liegt nämlich bei ungefähr 20 bis 25 Bildern in der Sekunde. Das macht es ihnen möglich, noch Bewegungen in ihrer Umgebung wahrzunehmen, die uns, weil sie zu schnell erfolgen, gar nicht auffallen würden. Das Pferd ist dabei mit seinen 20 bis 25 Bildern nicht einmal der Meister aller Klassen – Kampffische sehen noch bedeutend schneller und können daher noch schneller auf die Aktionen ihres Gegners reagieren.

Auf der Jagd:
Löwinnen jagen im Rudel und trauen sich daher
auch an Equiden heran.

Auf jeden Fall aber hat sich die hohe Bildfrequenz des Pferdes als eine Überlebensnotwendigkeit im jahrtausendelangen Wettrüsten zwischen denen, die fressen, und denen, die gefressen werden, entwickelt. Am Anfang war es wohl so, dass Pferde nicht viel mehr oder weniger Bilder pro Sekunde sahen als andere Tiere. Das machten sich ihre Fressfeinde zunutze, indem sie lernten, sich auf leisen Pfoten und mit sparsamen Bewegungen anzuschleichen. Wer je eine Katze dabei beobachtet hat, wie sie sich, immer wieder in der Bewegung verharrend, an ihre potenzielle Beute heranmacht, weiß: Uns könnte sie vermutlich über ihre Absichten hinwegtäuschen. Wir würden, wenn wir uns nicht darauf konzentrierten, sie anzuschauen, gar nicht erkennen, dass sie sich bewegt.

GUCK SCHNELLER, PFERD

Das Pferd aber lernte, „schneller" zu sehen – und war damit dieser Jagdtaktik besser gewachsen. Es blieb für das Pferd allerdings der Nachteil, dass es Entfernungen nicht gut abschätzen kann. Auch dieses Dilemma löste die Natur: Bewegung wird erkannt, und bei bestimmten Bewegungsmustern wird im Pferdehirn der Alarm „Vorsicht, Fressfeind" ausgelöst. Er darf aber nicht jedes Mal zu einer panikartigen Flucht führen, denn eine solche kostet Kraft. Wer jedes Mal losrennt, wenn in seiner Nähe irgendetwas potenziell Gefährliches auftaucht, kriegt erstens nicht genug Futter zwischen die Zähne und ist zweitens am Ende eines Tages von der vielen Lauferei so erschöpft, dass er im Falle eines ernsthaften Angriffes keine Chance mehr hat.

BEWEGT SICH DA ETWAS?

Es muss also eine Überprüfung des ersten Alarmsignals geben, die zum Beispiel (wie bei uns Menschen) darin besteht, dass die Entfernung zum gefährlichen Objekt eingeschätzt wird. Das aber ist für das Pferd nicht möglich, weil dies eine Detailsichtigkeit verlangen würde, die zu viel Informationsverarbeitung erfordern würde. Die Pferde mussten also einen anderen Indikator für die Gefährlichkeit eines möglichen Angreifers finden – und waren erfolgreich: Sie entwickelten zum Frühwarnsystem „Vorsicht, da bewegt sich was" ein Programm, das auf „Formveränderung" als Alarmsignal reagiert.

Sein Funktionieren ist für uns kaum nachvollziehbar, aber immerhin erklärbar, wenn wir an die Jagdtaktik einer Katze denken: Der erste Schritt ist Anschleichen. Dabei bewegt sie sich sehr sparsam. Dicht am Boden, mit lang gestrecktem, fast bewegungslosem Rücken, setzt sie vorsichtig und leise Pfote vor Pfote. Ihre Form, die schmale Silhouette, bleibt dabei fast unverändert. In diesem Stadium ist sie noch relativ ungefährlich: Sie weiß selbst, dass sie noch zu viel Abstand zur Beute hat, um zuschlagen zu können.

Richtig gefährlich wird sie erst, wenn sie aus der Deckung kommt und versucht, ihr Opfer mit ein paar schnellen Sätzen und einem Sprung zu bezwingen. Genau dann aber verändert sie auch ihre Form: Sie spannt alle Muskeln an, der gestreckte Rücken wölbt sich auf, um den Körper nach vorne zu schnellen, im Sprung greifen die Beine weit aus, die Form ist in ständigem Wandel. Genau dieser Formwandel ist es, der beim Pferd von „Vorsicht, da könnte was kommen" auf die „Jetzt aber nichts wie weg"-Stimmung umschaltet.

Hellwach und fluchtbereit:
Der Lusitanohengst sondiert aufmerksam
seine Umgebung.

Ein friedlicher Tag:
Die Ponys auf der Dülmener Wildbahn
grasen friedlich und entspannt.

Dass dabei jedoch fein differenziert wird, hat der Freiburger Verhaltensforscher Klaus Zeeb herausgefunden. Seine „Versuchskaninchen" waren die Ponys, die weitgehend unbeeinflusst vom Menschen auf der Dülmener Wildbahn unterwegs sind. Wenn Zeeb sich ihnen auf allen vieren näherte, wurden sie unruhig. Unterschritt er dann einen bestimmten Bereich und kam damit in die „Distanzzone" der Vierbeiner, flüchteten sie. Die Flucht konnte er aufhalten, indem er sich einfach wieder aufrichtete. Sobald er aufrecht stand, beruhigten sich die Pferde wieder. Zweibeinige Fressfeinde in unserer Größe haben sie nämlich nicht, daher lösen wir bei Annäherung keine Fluchtreaktion aus.

Die auf Formveränderung programmierte Fluchtreaktion ist es aber, die die moderne Welt für Pferde so gefährlich macht. Obgleich sie in ihrer Umgebung mehr und schneller als wir Menschen sehen, sind sie zum Beispiel im Verkehr benachteiligt. Im Gegensatz zu uns können sie nämlich nicht erkennen, ob ein Auto sich ihnen nähert. Zum einen sind Autos im Instinktprogramm eines Pferdes sowieso nicht vorgesehen, zum anderen verändern die stinkenden Motorgefährte ja ihre Form bei Annäherung nicht, also liefern sie auch nicht den Anstoß für den Fluchtreflex.

WENN ES PFERD ZU BUNT WIRD

Dass manches schlaue Pferd trotzdem vor Autos scheut, liegt dann oft an der Farbe – Rot und Gelb sind es vor allem, die ein Pferd dazu bewegen, vorsichtig zu werden. Reiter wissen das, und darum haben sie auch den überholten Büchern nie geglaubt, in denen steht, dass Pferde vermutlich keine Farben sehen. Inzwischen ist erwiesen, dass sie sehr wohl eine bunte Welt um sich herum wahrnehmen. Allerdings könnte es sein, dass sie Farben ein wenig anders sehen als wir.

PFERDE SEHEN ROT

Untersuchungen haben erbracht, dass das Farbspektrum des Pferdes in den Randbereichen „kürzer" ist als das unsere. Wir können ultraviolettes Licht, das am unteren Bereich der Farbskala liegt, noch einigermaßen erkennen. Pferde nicht – warum auch? Es hat für sie keine Relevanz. Und ebenso wenig hat für sie der Bereich der infraroten Lichtschwingungen Bedeutung, daher wird der Bereich weitgehend ausgeblendet und nicht wahrgenommen. Dafür aber sehen Pferde in der Mitte des Spektrums, also da, wo Blau-, Grün- und Gelbtöne angesiedelt sind, vermutlich ein bisschen besser als wir – kein Wunder, denn eine bestimmte Grün- oder ins Blaue hineinspielende Schattierung wie auch ein saftigeres Gelb auf der Steppe können ja bedeuten: „Hier gibt es viel Futter." Also ist es für das Pferd überlebensnotwendig, in diesem Farbbereich sehr gut zu sehen. Sehr gut können Pferde Rot erkennen – und wie für uns ist es auch für Pferde eine Warnfarbe. Rot kommt nämlich in den ursprünglichen Lebensräumen der Pferde als große Fläche nicht vor. Es gibt auf der Steppe keine fressbaren Pflanzen, die in breiten Teppichen rot blühen. Dafür kann aber ein roter Fleck bedeuten, dass ein Tier geblutet hat, weil es von einem hungrigen Raubtier gebissen wurde – und das wiederum könnte heißen, dass man sich gerade im Revier eines solchen Raubtieres aufhält und sich besser vorsichtig verhält.

Signalwirkung:
Das saftige Goldgelb reifer Gräser
zieht Pferde an.

80 | 81

Nachtschwärmer:
Pferdeherden sind nachtaktiv –
ebenso wie ihre Fressfeinde.

DAS GEHEIMNIS IM PERDEAUGE

Es bleibt uns noch ein Bereich des pferdischen Sehvermögens, den wir erwähnen sollten, weil er sich von unserem sehr unterscheidet: Für Pferde sind nachts nicht alle Katzen grau. Im Gegenteil, sie sehen nachts fast so gut wie Katzen, wofür übrigens eine anatomische Besonderheit des Pferdeauges verantwortlich ist, die sich auch im Katzen-, aber eben nicht im Menschenauge findet.

Wir haben am Anfang schon das „geheimnisvolle Schimmern" im Hintergrund eines Pferdeauges angesprochen. Wenn das Licht entsprechend hineinfällt, sieht es aus, als ob hinter der Pupille golden „tapeziert" wäre. Tatsächlich ist da etwas hinter der Pupille: das so genannte Tapetum lucidum, eine aus Kristallen bestehende Leuchtschicht, die einfallendes Licht reflektiert. Sie ermöglicht dem Pferd, auch bei sehr schwachem Licht noch sehr gut zu sehen. Hinzu kommt, dass die ovale Pferdepupille bei schlechtem Licht sehr weit geöffnet werden kann – und wie jeder von uns, der schon einmal fotografiert hat, weiß, ergibt sich dadurch eine längere Belichtungszeit und eine bessere Bildqualität. Demzufolge sind für Pferde nachts nicht alle Katzen grau, sondern auch dann noch zum Beispiel als rotgescheckt zu erkennen, wenn wir Menschen nur noch einen Schemen sehen würden.

Leider ist auch dieser Vorteil für das Pferd wieder mit einem Nachteil verbunden – der sich allerdings in seinem ursprünglichen Lebensraum nicht als solcher ausgewirkt hat. Die Pferdepupille ist in Sachen Lichtadaption nicht so schnell wie das Menschenauge. Das ist kein Wunder, denn für unsere Vorfahren wäre es fatal gewesen, wenn sie morgens beim Herauskriechen aus der dunklen Schlafhöhle erstmal für fünf Minuten halb blind in die Sonne geblinzelt hätten.

Vermutlich hätte Nachbar Bär ziemlich schnell bemerkt, dass die Zweibeiner es morgens an der sonst üblichen Wachsamkeit fehlen lassen, und hätte dies ausgenützt. Also musste das Menschenauge lernen, seine Pupille sehr schnell auf den Übergang von hellem Licht auf Dunkelheit und andersherum einzustellen.

Für das Pferd war das nicht nötig, seine Lichtadaption ist sonnengesteuert. Wenn die Sonne morgens aufsteigt, können sich die Augen an die zunehmende Helligkeit gewöhnen. Am Abend geht es anders herum: Die Sonne geht unter, während der Dämmerung öffnet sich die Pupille des Pferdes, bis sie in der Dunkelheit ihre „weiteste Blende" erreicht hat.

VOM LICHT ZUM SCHATTEN

Ein kleines Problem ergibt sich für das Pferd nur, wenn es von einer sonnenüberfluteten Wiese in einen schattigen Wald hineinlaufen soll. Die meisten Pferde sind da vorsichtig – sie zögern, und sie sind nicht unbedingt wild darauf, den Übergang vom Licht ins Dunkle mit einem Sprung zu vollziehen.

Doch allzu sehr leiden sie nicht unter dem Nachteil, denn schließlich haben sie ja außer den Augen noch ein paar sehr aktive Sinnesorgane zu bieten – zum Beispiel die Ohren.

Können Sie mit den Ohren wackeln? Wenn ja, gehören Sie zu den
Ausnahmen. Wir Menschen sind nämlich, was die Ohren angeht,
von Mutter Natur nicht unbedingt bevorzugt behandelt worden.
Gut, wir hören nicht schlecht, aber im Vergleich zu einem Pferd doch
reichlich undifferenziert. Wir wissen zum Beispiel nicht auf Anhieb,
aus welcher Richtung ein Geräusch kommt, sondern müssen
den Kopf drehen. Und wenn wir es dann ganz genau hören wollen,
müssen wir vielleicht sogar in die Richtung der Geräuschquelle
marschieren. Pferde kennen das Problem nicht. Sie drehen nicht
den Kopf, sondern eben die Ohren – und die können sie so genau
ausrichten, dass sie damit sogar auf 100 Meter das Rascheln
eines Mäuschens im Stroh nicht nur hören, sondern identifizieren
können.

Geteilte Aufmerksamkeit:
ein Ohr für die Mama,
eines für den Fotografen.

Die großen, beweglichen Pferdeohren sind die ideale Ergänzung zum Sehvermögen. Sie funktionieren ähnlich wie eine Radarüberwachungsanlage: Während das Pferd mit dem Kopf im Gras frisst und dabei wenig sieht, sind die Ohren ständig in Bewegung. Mal zeigt eines nach vorne und das andere nach hinten, mal sind beide in eine Richtung gestellt, doch immer versucht das Pferd, sich ein möglichst genaues „Hörbild" seiner Umgebung zu verschaffen. Dabei hilft ihm nicht nur die Beweglichkeit, sondern auch die spezielle Form der Ohren: Sie wirken wie kleine Trichter, die Geräusche auffangen und zusammengefasst an das Hörzentrum im Gehirn zur Verarbeitung weiterreichen.

Da kommt nun eine Fülle von Informationen an, die – wie auch im Sehzentrum – selektiert und ausgewertet werden muss. Und auch hierin zeigt sich das Pferd als Meister, wobei die „selektive Hörfähigkeit" eine ist, die wir Menschen ganz gut nachvollziehen können, weil sie auch uns zu eigen ist.

HEUTE SCHON SELEKTIV GEHÖRT?

Sie zweifeln daran? Dann will ich's Ihnen mit zwei Beispielen aus unser aller Alltag belegen: Viele von uns fahren heute ein Funktelefon im Auto spazieren. Und die Wenigsten von uns müssen ihr Klingelsignal für Autofahrten lauter stellen. Obwohl es normalerweise nur darauf ausgelegt ist, bei Zimmerlautstärke ein mehr oder minder diskretes Piepsen von sich zu geben, hören die meisten von uns dieses Geräusch auch dann, wenn sie auf einer Autobahn unterwegs sind und neben den Fahrgeräuschen auch noch das Radio angestellt ist. Das Klingeln des Telefons dringt trotzdem durch – nicht, weil es so laut ist, sondern weil wir Handybenutzer unser Gehörzentrum darauf dressiert haben, dieses Klingeln aus allen anderen Geräuschen herauszufiltern.

MAN HÖRT, WAS MAN HÖREN SOLL

Noch ein Beispiel gefällig? Junge Mütter haben meist ein ausgeprägtes Schlafbedürfnis, denn schließlich schaffen sie es kaum einmal, eine Nacht ungestört Ruhe zu finden. Daher sagen viele, dass sie abends schon vor dem Fernseher einschlafen – egal, wie laut er ist. Und wenn sie dann ins Bett gefunden haben, hören sie weder den neben ihnen schnarchenden Ehemann noch den Nachbarn, der wieder einmal mit laut dröhnendem Autoradio vor der Garage steht. Aber das leise Jammern ihres Babys im Nebenraum nimmt fast jede Mutter wahr. Selbst im Schlaf ist ihr Gehörzentrum aktiv genug, dieses Geräusch aus allen anderen, die um des Schlafbedürfnisses willen gefiltert werden, heraus zu erkennen und ein „Mami, aufwachen, Baby versorgen!" auszulösen.

So ungefähr muss man sich auch das selektive Hören des Pferdes vorstellen. Das lautstarke Brüllen zweier sich um eine Kuh streitender Kaffernbüffel nimmt ein Pferd daneben kaum wahr. Das Plätschern eines Flusses oder das Rauschen der Brandung an einer Felsküste – Island- und Connemara-Ponys beweisen, dass diese Geräusche sonst so empfindlichen Pferdeohren offenkundig überhaupt nichts ausmachen, sondern dass man sogar gut daneben schlafen kann. Doch wenn man neben ihnen mit einem Stöckchen im Dünengras raschelt oder mit Steinen am Flussufer spielt, sind sie sofort hellwach – obwohl die dabei produzierten Töne die anderen Umweltgeräusche sicher nicht übertönen. Aber dieses Rascheln oder Klicken der Steine könnte wichtig sein. Es könnte eine Gefahr durch ein anschleichendes Raubtier ankündigen!

Siesta am Strand:
Meeresrauschen beruhigt, ein Rascheln
im Gebüsch würde aufschrecken.

Pferde im Stall erkennen ein Geräusch immer ganz sicher: das Quietschen des Haferwagens. Wahrscheinlich merken sie an seinem Sound sogar noch mehr: ob er gut gefüllt ist und auf dem Weg zu ihnen oder leer auf dem Weg zur Haferkammer. Die Reaktionen jedenfalls sind unterschiedlich.

Das belegt, dass das Weltbild des Pferdes sich nicht nur aus dem zusammensetzt, was es sieht, sondern durch die wichtigen Geräusche um das Pferd herum ergänzt wird. Dabei ist übrigens zu vermuten – auch wenn es noch nicht endgültig erforscht ist, dass der Frequenzbereich, in dem ein Pferd hört, den menschlichen übertrifft. Manche Hippologen vermuten, dass das Pferd bis in den Ultraschallbereich hinein hört, also zum Beispiel die nächtliche Kommunikation der Fledermäuse mitbekommt. Der in Fachkreisen sehr angesehene Wilhelm Blendinger ging sogar bis zur These, dass das Pferd selbst Ultraschalltöne produzieren und sich am Rückschall orientieren könne. Diese These ist aber nicht belegt, so wenig wie die Vermutung, dass Pferde tiefere Basstöne als wir wahrnehmen.

MOZART-FANS

Aus unzähligen Erfahrungsberichten wissen wir, dass Pferde Musik mögen. Zwar reicht das nicht so weit, dass sie darauf „tanzen" würden, wie im Zirkus früher manchmal suggeriert werden sollte, aber den beruhigenden Effekt sanfter klassischer Musik im Stall kann man ebenso beobachten wie die gegenteilige Wirkung von rhythmusbetonter Popmusik. 120 Beats pro Minute machen Pferde nervös und führen, wenn man sie dauernd damit beschallt, zu negativen Effekten. Bei Kühen geht es noch weiter: Beschallt man sie dauernd mit Hardrock, geben sie weniger Milch. Gönnt man ihnen dafür Mozart oder Haydn, fühlen sie sich offenkundig rundum wohl und erhöhen ihre Milchproduktion.

Ohrenspiel in der Dämmerung:
Wenn das Licht schwächer wird,
ist das Gehör gefordert.

90 | 91

Wissen Sie, wie Wasser riecht? Nein? Sie finden, dass frisches, klares, gutes Trinkwasser überhaupt nicht riecht? Sie haben Recht – für uns Menschen riecht Wasser nicht, solange es in Ordnung ist. Für Pferde stellt sich das aber ganz anders dar. Für sie hat Wasser einen Geruch – und offenkundig sogar einen ganz starken, weil sie Wasser auf weite Entfernungen riechen können.

SCHON DIE ALTEN GRIECHEN WUSSTEN ...

Diese besondere Fähigkeit des Pferdes ist Menschen schon vor vielen Jahren aufgefallen. Der griechische Reiteroberst Xenophon schrieb über die langohrigen Verwandten unserer Pferde: „Man sagt, dass sich die Strauße und Trappen in der Wüste deshalb in der Nähe von wilden Eseln aufhalten, weil diese, wie Reisende beobachtet haben, ein ungemein feines Witterungsvermögen für Wasser haben." Beduinen würden nicken, wenn man ihnen das Zitat vorlesen würde. Sie wissen nämlich, dass ihre Pferde Wasser sogar riechen können, wenn es unter der Oberfläche verborgen ist.

Fast jedes einigermaßen intelligente arabische Pferd wird, wenn es Durst hat, in einem trockenen Wadi genau an der richtigen Stelle zu scharren beginnen: da, wo sich auf der Schattenseite ein wenig Grundwasser unter dem Sand gesammelt hat. In der Wüste ist eine solche Fähigkeit natürlich sehr nützlich, manchmal sogar überlebenswichtig. Sie ist aber auch in der Steppe nicht zu verachten – und hat sich vermutlich darum bei den Pferden so gut entwickelt. Wer nämlich Wasser riechen kann, ist in der Trockenzeit im Vorteil: Er läuft nicht Gefahr, einen langen, kräftezehrenden Anmarsch zu einem Wasserloch hinter sich gebracht zu haben, nur um dann festzustellen, dass die Quelle dort ausgetrocknet ist. Er merkt es schon sehr viel früher – und mehr als das: Er kann seine Wanderungen ausdehnen, weil er nicht darauf angewiesen ist, über die Wasserstellen Bescheid zu wissen, sondern davon ausgehen kann, dass er dank seines Geruchssinnes immer eine finden wird. Pferde sind aber nicht nur in Sachen Wasser absolute Supernasen. Sie setzen Düfte auch zur Kommunikation untereinander ein und haben darum im Lauf der Jahrtausende einen sehr differenzierten Geruchssinn entwickelt.

Verantwortlich für ihn ist natürlich zuerst einmal die Nase und ihre Ausstattung mit Riechzellen. Das Pferd ist dabei gut weggekommen: In seinen großen Nüstern hat viel Schleimhaut Platz, die mit einer ganzen Menge höchst empfindlicher Riechfäden besetzt ist. Dazu kommt dann noch, dass sich am Boden seiner Nasenhöhle das so genannte Jacobsonsche Organ befindet, ein kleines Knorpelrohr, das – so vermuten jedenfalls Hippologen – dazu dient, Düfte festzuhalten, um sie noch genauer analysieren zu können.

EINE NASE VOLL

Und damit nicht genug: Wenn Pferd über etwas den Geruchssinn Betreffendes ganz genau Bescheid wissen will, dann nimmt es den Duft auf, klappt die Oberlippe über die Nüstern und macht sie damit für einen Moment dicht – gerade lange genug, sich den Geruch richtig „reinzuziehen" und ihn in seine Einzelbestandteile zu zerlegen, um daraus eine ganze Menge Informationen zu gewinnen. Dieses „Nase-Zuklappen", das meist mit zurückgelegtem Kopf stattfindet, nennen Pferdeleute übrigens „Flehmen". Es ist besonders oft beim Paarungsverhalten des Pferdes zu sehen, denn einen Großteil der Information darüber, wie paarungswillig eine Stute ist, gewinnt der Hengst daraus, dass er ihre Geschlechtsorgane beriecht.

Duftprüfung:
eine Nase voll aufnehmen und mit den
aufgestülpten Lippen festhalten.

94 | 95

Herr Hengst interessiert sich aber selbstverständlich auch für das gesamte Odeur seiner Partnerin. Wie wir hat nämlich auch jedes Pferd einen individuellen Duft, der nicht nur über seine Identität und sein Geschlecht, sondern anderen Pferden vermutlich auch über seinen Gesundheitszustand und wahrscheinlich sogar über seine Laune Auskunft gibt. Darum ist der Duft für jede Kommunikation unter Pferden sehr interessant. Und weil Pferde sich ja wenig mit Lauten verständigen, wird ihre „Duftsprache" wahrscheinlich auch ein Grund dafür sein, warum sie so feine Nasen entwickelt haben.

SCHMECKEN: GOURMETS AUF VIER HUFEN

Pferde sind ausgesprochene Feinschmecker. Pferde, die Gelegenheit haben, sich auf Koppeln mit vielfältigem Bewuchs ihr Futter
selbst zu suchen, haben meist einen Geschmackssinn, der ihnen
das besonders schmackhaft erscheinen lässt, was gut für sie ist.
Und das ist vermutlich auch der Grund, warum sich Geschmackssinn überhaupt entwickelt hat: Er sorgte ursprünglich einmal dafür,
dass Pferde genau das Futter suchten, das sie brauchten. Ihnen
schmeckte genau das, was gut für sie war: frisches, saftiges Gras
(so es auf der Steppe zu bekommen war), das noch jede Menge
Vitamine enthielt; Kräuter, die dem Körper Mineralien zuführten,
die im Gras nicht unbedingt zu bekommen waren; Wurzeln und
zarte Äste, die zur Verdauung notwendige Bitterstoffe enthielten;
zarte Blätter, die eine Menge Ballaststoffe lieferten.
Gleichzeitig warnte der Geschmackssinn vor Dingen, die unbe-
kömmlich waren: Bestimmte Pflanzen, die Giftstoffe enthielten,
schmeckten Pferden einfach nicht – ein Bissen überzeugte sie
schon, davon nicht mehr zu fressen.

Pferdekinder:
Ihr Geschmackssinn ist noch
unverdorben.

Wasser, dessen Schwefelgehalt zu hoch ist, um gesund zu sein, schmeckt scheußlich, also wird es nicht in Mengen getrunken. Eine Präferenz im Geschmack zeigen Pferde übrigens heute immer noch bei Bitterstoffen. Meine alte Stute zum Beispiel war ganz wild auf rohen Schikoree, vermutlich, weil in ihrem Futter zu wenig von den verdauungsfördernden Bitterstoffen enthalten war und weil sie ja nach dem Hafer nicht um einen Jägermeister bitten konnte. Außerdem mochte sie – wie übrigens die meisten Pferde – Bier ausgesprochen gern. Wahrscheinlich waren es auch da die Bitterstoffe und zudem die Bierhefe, die, in Maßen genossen, bei uns Menschen gut für Haare und Nägel und bei Pferden für Fell und Hufe ist.

NICHTS SÜSSES FÜR DIE SÜSSEN

Heute ist der Geschmackssinn der meisten Pferde etwas degeneriert. Am besten ist das am Beispiel von Fohlen zu beobachten. Am Anfang ist ihr Geschmackssinn noch völlig ursprünglich, weswegen sie, im Gegensatz zu erwachsenen Pferden, meist nicht wild auf Zuckerchen sind. Sie lecken einmal daran, aber oft genug lassen sie es fallen. Pferde brauchen nämlich weniger Zucker als wir. Um genau zu sein: Zu viel Zucker wirkt bei ihnen nicht nur verheerend auf die Linie, sondern kann zudem zu ernsthaften Verdauungsstörungen führen. Dass die meisten Pferde trotzdem gern Süßes fressen, liegt ganz einfach daran, dass sie von ihren Menschen daran gewöhnt worden sind. Man hat sie von frühester Jugend an mit Zuckerchen belohnt, und so haben sie gelernt, das Zuckerchen als ein Zeichen besonderer Zuwendung zu mögen. Wer aber Pferde mag, bringt ihnen lieber ein Stück hartes Brot, einen Apfel, eine Möhre oder vielleicht einen Strunk rohen Schikoree mit.

Wir Menschen haben einen fünften Sinn, den wir uns nur selten bewusst machen, der aber unser Leben und unsere Entwicklung maßgeblich bestimmt hat: den Tastsinn. In unseren Fingerspitzen sitzen unzählige empfindliche Nervenzellen, die uns jedes Mal, wenn wir etwas berühren, eine Menge Informationen liefern. Fühlt sich die Oberfläche rau oder glatt an, ist sie kühl oder warm, fest oder weich, aus Stein oder Holz? Wir können mit geschlossenen Augen, nur aufgrund unseres Tastsinnes, eine Vielzahl von Materialien erkennen und manchmal sogar andere Menschen – allein daran, wie sich ihre Hände anfühlen oder ihre Haut. Was das angeht, sind Pferde uns gegenüber auf den ersten Blick benachteiligt. Da, wo wir Fingerspitzen haben, haben sie Hufe, die wie unsere Fingernägel aus abgestorbenen Hornschichten bestehen und in denen es keine Nervenzellen gibt, die irgendwelche Feinempfindungen weiterleiten könnten. Sehr viel mehr als die Information „harter oder weicher Untergrund", „glatt oder steinig" kann über die Hufe nicht geliefert werden. Dennoch ist das Pferd in Sachen aktiver Tastsinn nicht zu kurz gekommen.

DIE DISTEL IM HEUHAUFEN

Was wir mit den Fingerspitzen erledigen, macht das Pferd nämlich mit den Lippen und mit den Tasthaaren rund um sein Maul herum. Die Lippen eines Pferdes sind sehr empfindlich. So hat es zum Beispiel überhaupt keine Probleme, mit ihnen in einem ganzen Büschel Heu die einzige stachelige Distel zu finden und zu vermeiden, sie zu fressen. Die meisten Pferde schaffen es sogar, eine kleine Glasperle in ihrem Futter mit den Lippen zu ertasten und sie zur Seite zu räumen.

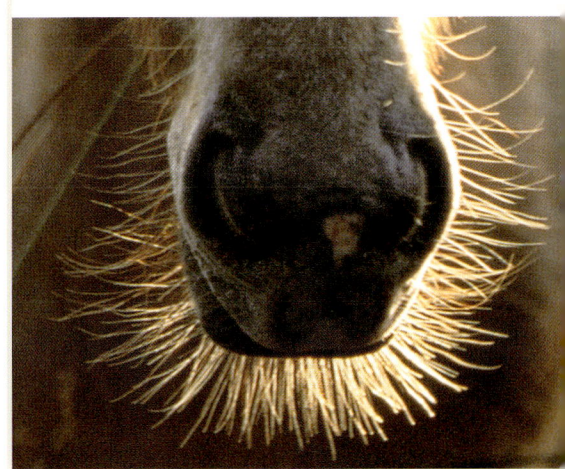

Zur Feinabstimmung:
Tasthaare rund um das Maul.

Deshalb landen Pferde übrigens, im Gegensatz zu Kühen und Ziegen, die so ziemlich alles fressen, was man ihnen vorsetzt, ganz selten wegen eines unverdaulichen Gegenstandes im Magen auf dem Operationstisch des Tierarztes.

Selbstverständlich können Pferde mit den Lippen auch „Material-proben" vornehmen. Ob eine Wand aus Holz oder Stein ist, ob ein Sattel sich rau oder glatt anfühlt: Wenn ein Pferd darüber Bescheid wissen will, nimmt es mit den Lippen Kontakt auf und setzt so seinen aktiven Tastsinn ein. Besonders Fohlen, die wie alle Kinder neugierig sind, machen das dauernd. Sie beknabbern, was ihnen vors Maul kommt, und sammeln auf diese Art Erfahrungen mit ihrer Welt und den Dingen, die darin vorkommen.

STREICHELEINHEITEN ZUM ÜBERLEBEN

Es gibt aber nicht nur den aktiven, sondern auch den passiven Tast-sinn, der die Reize verarbeitet, die über Berührung geliefert werden. Wie wichtig er für uns Menschen ist, zeigt übrigens ein Experiment, das der sehr wissensbegierige Stauferkaiser Friedrich II. vorgenom-men hat. Er wollte wissen, wie Menschen Sprache lernen, und um das herauszufinden, nahm er ein paar Babys, sorgte dafür, dass sie ausreichend gefüttert und sauber gehalten wurden, verbat aber ihren Pflegerinnen, sie zu streicheln und mit ihnen zu sprechen. Das grausame Experiment zeitigte ein grausames Ergebnis: Sämt-liche Kinder – obgleich bestens gefüttert – starben noch vor Ablauf ihres ersten Lebensjahres. Berührt werden, andere nahe bei sich zu fühlen gehört ganz offensichtlich zu den elementaren Bedürfnissen aller sozialer Wesen.

Und Pferde sind auch soziale Wesen – sogar noch mehr als wir, denn ein Pferd allein hat wenig Chancen zu überleben. So ist ihr passiver Tastsinn extrem ausgeprägt.

Hautkontakt:
Den anderen zu hören, zu riechen und seine Wärme zu fühlen,
ist für Pferde ein Grundbedürfnis.

Mit allen Poren genießen:
Wälzen auf der sonnenwarmen Wiese.

JEDE MENGE NERVEN

Unter dem feinen Pferdefell steckt eine Haut, die mit mindestens so vielen Nervenzellen durchsetzt ist wie unsere – wenn nicht sogar mit ein paar mehr, denn Pferde spüren sogar durch das Fell hindurch, wenn eine Fliege über sie krabbelt, und reagieren darauf, indem sie sich schütteln oder versuchen, das lästige Insekt abzustreifen.

Pferde scheinen auch die Nähe und Berührung anderer Pferde sehr genau wahrzunehmen. Freunde und Familienmitglieder lassen sie nicht nur sehr nahe an sich heran, sondern sie suchen oft genug sogar den Körperkontakt mit ihnen. Und Dreck oder Schweiß im Fell stört sie – dagegen hilft dann Kratzen und die Pferdeform der „Großwäsche", nämlich Wälzen. Im Sommer, wenn die Pferde verschwitzt sind, suchen sie sich dazu eine möglichst staubige Stelle und pudern sich damit ein. An kühleren Tagen darf's aber auch gern mal eine etwas matschige Stelle sein, auf dass man sich nachher die Dreckpanade genüsslich an einem Baum wieder vom Fell schaben kann.

Dabei macht „Pferdewäsche" anscheinend – weil mit sehr vielen passiven Taktilreizen verbunden – nicht weniger Spaß als uns Menschen ein ausführliches Schaumbad. Beim Wälzen stöhnen viele Pferde vor lauter Behagen, und das Gesicht zeigt dabei meist, dass es ihnen jetzt richtig gut geht – was wieder beweist, dass taktile Reize sich positiv aufs Gesamtbefinden auswirken.

Nehmen Sie sich also, wenn Sie das nächste Mal an einer Pferdekoppel vorbeikommen, ruhig ein bisschen Zeit. Kommunizieren Sie mit den Pferden, die neugierig zum Koppelzaun gekommen sind, schmusen Sie ruhig auch ein bisschen, wenn eines daran Interesse zeigt. Den Pferden tut es wahrscheinlich so gut wie Ihnen.

Pferde spüren Zeit und Raum

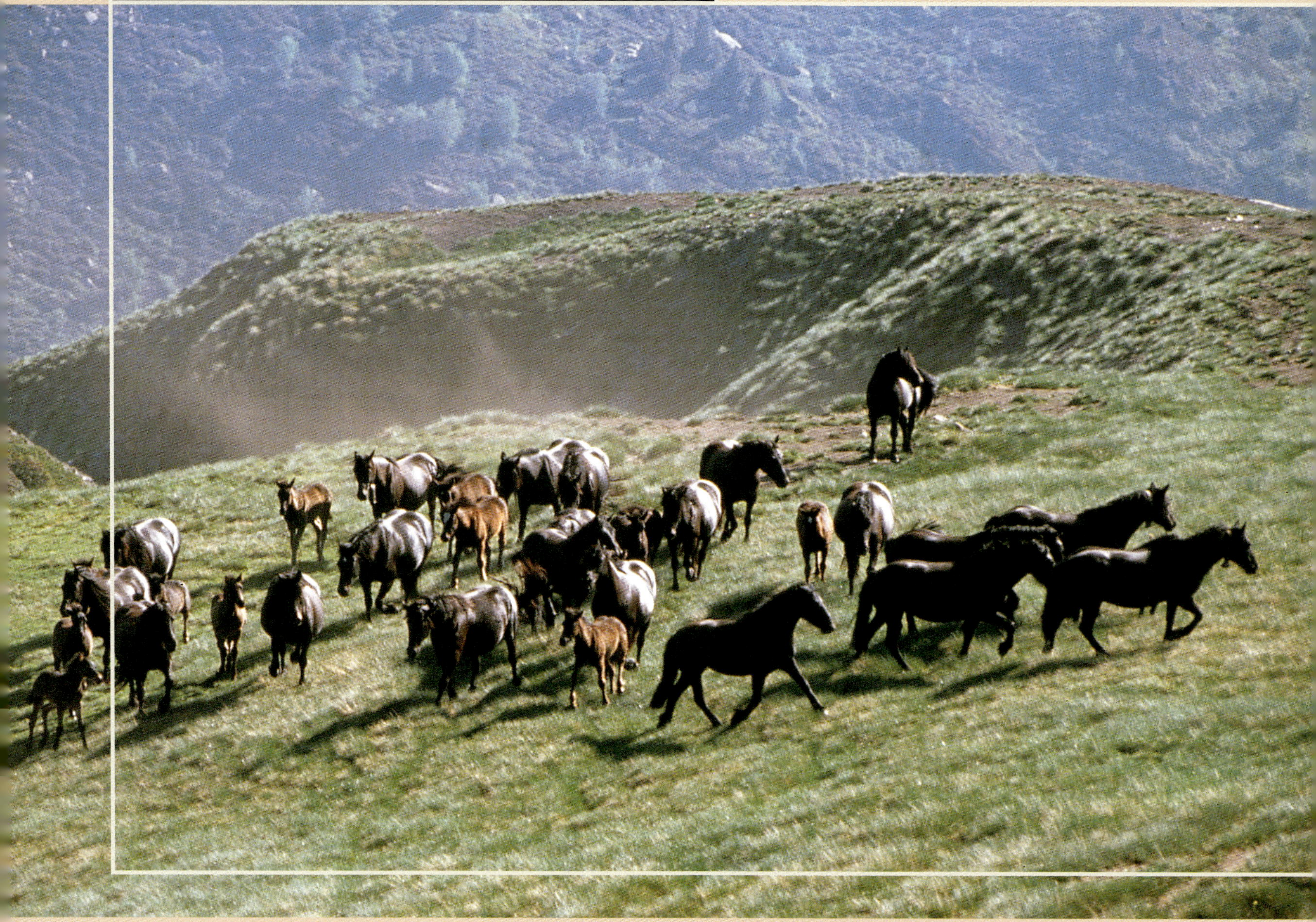

Unsereins ist froh, wenn er seine fünf Sinne zusammenhat. Einem
Pferd aber wären fünf Sinne nicht genug, denn fürs Überleben
braucht es mehr als Riechen, Hören, Sehen, Schmecken und Tasten.
Bei den Pferden überlebte nur, wer rechtzeitig einen Unterstand
gesucht hatte, bevor das Gewitter losbrach, wer beim Erdbeben
nicht gerade in der Nähe des Epizentrums war und wer auch in der
Trockenzeit wusste, wo noch ein paar Gräser wuchsen, und dort
hinfinden konnte.
Aus diesem Grund haben Pferde mehr als fünf Sinne. Sie verfügen
über einen Wettersinn, der sie erkennen lässt, ob und, wenn ja,
was in der Luft liegt – lange, bevor Menschen eine Ahnung davon
haben oder mit ihren Messinstrumenten die Luftdruckverände-
rungen einfangen können. Sie können früher als das Wetteramt
sagen, wie der nächste Winter ausfallen wird: Schon im Frühjahr
davor entscheidet ihr Wettersinn, wie sie es mit der Vermehrung
halten. Und wenn im Herbst dann Kleiderwechsel ist, kann
man sicher sein: Ein Pferd wird sich keinen zu dicken Pelz zulegen,
sondern immer den, der zum nächsten Winter passt.

Alle Schätze der Welt …
„Als Gott das Pferd schuf, sagte er
zu ihm: Dich habe ich geschaffen ohne-
gleichen. Alle Schätze dieser Erde liegen
zwischen deinen Augen. Du sollst deine
Feinde unter deinen Hufen zermalmen,
aber meine Freunde auf deinem Rücken
tragen. Dein Sattel soll der Sitz für
Gebete an mich sein. Und du sollst flie-
gen ohne Flügel und siegen ohne Schwert."

DER KORAN

MIT EINGEBAUTEM KOMPASS

Doch damit nicht genug: Pferde sind ohne Uhr pünktlich wie
Beamte beim Dienstschluss, weil ihr Zeitsinn ihnen immer sagt,
wie spät es ist. Pferde brauchen keine Landkarte und müssen sich
keinen Kompass um den Hals hängen. Bei ihnen ist der Orientierungssinn inklusive der Fähigkeit, die Erdmagnetlinien zu erkennen, eine mit nur wenig Training aktivierbare Grundausstattung.
Dass wir inzwischen davon wissen und dass sich inzwischen sogar
seriöse Verhaltensforscher trauen, über tierische Sinnesleistungen
zu reden, die weder mess- noch in exakten Versuchsreihen erfassbar
sind, ist eine Entwicklung der letzten Jahre – und wohl eine der
interessantesten, die sich im Bereich der Verhaltensforschung je er-
geben haben und der Forschung ganz neue Dimensionen eröffnen.
Bis vor ungefähr zehn Jahren klaffte zwischen den „Praktikern",
die mit einer bestimmten Tierart täglichen Umgang pflegten und ihr
daher meist auch einiges an Gefühlen und intellektuellen Leistungen
zutraute, und den Verhaltensforschern, die das vom Menschen
unbeeinflusste Tierverhalten in der Natur beobachteten und auswer-
teten, eine breite Kluft. Sie war nicht nur aufgerissen, weil man zu
wenig miteinander redete, sondern vor allem, weil die Vertreter der
akademischen Verhaltensforschung fast alle der Behaviorismus
genannten Schule anhingen, die jede Handlung eines Tieres als eine
durch den Instinkt oder Prägung bestimmte Reaktion auf einen
bestimmten Schlüsselreiz interpretierte. Wer einem Tier zugestehen
wollte, dass es eben nicht nur einem Reiz-Reaktions-Schema
folgt, sondern aus dem Gefühl oder gar aus der Erfahrung heraus
flexibel handelt, wurde einer akademischen Todsünde, nämlich des
Anthropomorphismus, also der „Vermenschlichung" des Tieres,
bezichtigt.

Zielgerichtet:
Pferde wissen immer genau,
wo's langgeht.

110 | 111

Mit Tiefgang:
Pferde sind sich ihrer selbst bewusst.

Doch in den letzten zehn Jahren hat sich in der Verhaltensforschung

einiges getan. Unter anderem standen ein paar Rebellen auf,

an ihrer Spitze der englische Professor Donald Griffin und der er-

fahrene Schweizer Veterinär und Zoodirektor Heini Hediger.

Sie wagten es, den Behaviorismus nicht nur in Frage zu stellen.

Griffin ging sogar noch weiter: Er gestand höher entwickelten Tieren

ein „Bewusstsein" zu. Und mit der sich daraus entwickelnden

Diskussion wurden plötzlich tierische Leistungen, die davor eher als

„Zufallstreffer" abgetan worden waren, in ein neues Licht gestellt

und unter anderen Voraussetzungen erforscht. Plötzlich war man

bereit, Sinnesleistungen, die früher eher als „Zufallstreffer" oder aus

Anthropomorphismus geborene Fehlinterpretation gewertet wurden,

anzuerkennen und genauer zu betrachten. Was dabei herauskam,

ist faszinierend, weil es uns Menschen einen Einblick in die unend-

liche Vielfalt und Flexibilität der Schöpfung gewährt.

WETTERFROSCH: ALLE WETTER!

Wenn Pferde reden könnten, würden sie sich vermutlich – egal, ob in der Camargue, in Australien oder in Island zu Hause – begrüßen wie Engländer. Wo immer sich zwei Inselbewohner treffen: Sie landen ganz schnell beim Thema „Wetter". Pferde, vor allem frei lebende, würden es vermutlich genauso halten. Für sie ist (gutes) Wetter und (einigermaßen zutreffende) Wettervoraussage nämlich überlebensnotwendig.

Die europäischen Spezialisten für Wettervoraussage leben vermutlich in Connemara, denn nirgends auf unserem Kontinent wechselt das Wetter schneller und heftiger als dort. Manchmal dauert es nur ein paar Minuten, bis ein strahlend blauer Himmel sich mit grauen

Wetterfest:
Wenn's stürmt, drehen Pferde
die Kehrseite in den Wind.

Wolken zugezogen hat, bis aus dem milden Lüftchen, das einen
Sommernachmittag angenehm gekühlt hat, ein richtiger Sturm
geworden ist, der Wellenberge mit donnernder Gewalt gegen
die Felsküste schleudert, feuchte Wiesen unter Wasser setzt und
den Boden grundlos werden lässt.

IRISCHE WETTERFRÖSCHE

In dieser wunderschönen, wilden Landschaft leben die Connemara-
Ponys, zähe, robuste, kleine Pferde, die fast ihr ganzes Leben frei
in den Hügeln und Felsen der Küstenregion herumstreifen und dort
prachtvoll gedeihen. So sehr die Pflanzenwelt unter dem tempera-
mentvollen irischen Wetter zu leiden scheint, so wenig Bäume dort
eine Chance haben, heranzuwachsen – den Ponys machen die stän-
digen Wetterwechsel offensichtlich nichts aus. Und mehr als das:
Obwohl in Connemara manchmal heftige Gewitter toben, obwohl
selbst für langjährige, der Natur verbundene Einwohner nicht immer
vorhersehbar ist, welche Wiese sich in ein Moor verwandeln und
welcher Strand bei der nächsten Sturmflut total überspült werden
wird – von Pferden, die der Blitz erschlagen hat, die im Moor
stecken geblieben oder von der Sturmflut überrascht und ertrunken
sind, weiß dort niemand zu berichten. Im Gegenteil: So mancher
Wanderer, der sich in die Hügel aufmachte, bekam von einem
Einheimischen den Rat, auf das Verhalten der „little horses" zu
achten. Wenn sie zum Beispiel aus den Talwiesen auf die Hänge
hinaufziehen und sich unter einer überhängenden Felswand zusam-
menscharen, dann ist es Zeit, selbst Schutz zu suchen, denn dann
kündigt sich ein Gewitter an.

Und wenn die zähen Vierbeiner schon im frühen September anfangen, ein dickes Winterfell zu entwickeln, und nur noch am Fressen interessiert zu sein scheinen, dann lagern die Einheimischen mit einem Seufzen Torf als Brennstoff ein und inspizieren schon einmal ihre Arran-Pullover, weil sie wissen, dass ihnen ein besonders harter, langer Winter bevorstehen wird.

Im Frühjahr gilt es dann wieder, die Ponys zu beobachten: Wie viele der Stuten führen Fohlen? Alle? Die meisten? Oder nur wenige, oft junge Stuten? Letzteres ist ein Zeichen dafür, dass der Sommer nicht besonders gut werden wird. Die erfahrenen Stuten scheinen das nämlich schon lange vorher zu wissen, und in schlechten Sommern, in denen sie wenig Chancen hätten, genug Futter für sich und ihre Kinder zu finden, scheinen sie die Mühe der Vermehrung erst gar nicht auf sich nehmen zu wollen.

Nicht nur in Connemara sind Pferde oft für die Wettervorhersage zuständig. Wer ihr Verhalten richtig zu deuten weiß, kann sich nicht nur darüber informieren, was in den nächsten Stunden auf ihn zukommen wird, sondern bekommt auch gleich eine Langzeitprognose.

SEISMOGRAPH: BEVOR DIE ERDE BEBT

Woher Pferde wissen, wie das Wetter in ein paar Monaten sein wird,

kann (noch) niemand erklären. Aber dafür sind wir inzwischen

darüber informiert, wie ihre Kurzzeitwettervorhersage zustande

kommt. Darauf gekommen ist übrigens ein italienisch-stämmiger

Wissenschaftler, der sich mit dem schweren Erdbeben befasste,

das am Abend des 6. Mai 1976 seine Heimatstadt Friaul verwüstete.

Für die Erdbebenforscher der Gegend war es damals unerwartet

gekommen, sie hatten nicht rechtzeitig warnen können.

Doch sie wurden von chinesischen Kollegen getadelt, weil sie sich
nur auf ihre Messgeräte verlassen hatten. Zu der Zeit wussten
die chinesischen Forscher schon, dass es einen sicheren Indikator
für ein bevorstehendes Beben gibt: das Verhalten von Tieren.
Vor schweren Beben pflegen nämlich Ratten aus ihren Verstecken
zu fliehen; Nachttiere, die sich sonst nie tagsüber blicken lassen,
sind plötzlich bei hellem Licht unterwegs; Schlangen verlassen ihre
Deckung und ringeln sich über freies Feld; brave Pferde spielen im
Stall verrückt und wollen unbedingt ins Freie.

WENN DIE ERDE BEBT

Der italienische Forscher wollte nach dem Erdbeben in Friaul wissen,
woran Tiere eigentlich merken, dass etwas bevorsteht, und unter-
suchte ihr Verhalten, um schließlich darauf zu kommen: Vor Erdbeben können sich bei entsprechenden Gesteinsformationen große
Wolken elektrisch geladener Aerosole bilden. Eine hohe Konzent-
ration an Aerosolen in der Luft löst bei Menschen, aber noch mehr
bei dafür sensiblen Tieren wie zum Beispiel Pferden eine verstärkte
Ausschüttung des Nervenhormons Serotonin aus. Wer davon zu viel
im Blut hat, fühlt sich unwohl und wird nervös. Nervosität führt
bei Pferden dazu, dass der Fluchttrieb aktiviert wird. Ergo drängt ein
Pferd, das zuviel Serotonin im Blut hat, aus dem Stall ins Freie.
Vielleicht aber „wissen" Pferde in chinesischen Erdbebenregionen
auch, dass dieses spezielle, durch eine erhöhte Serotoninaus-
schüttung verursachte Unbehagen einem Erdbeben vorausgeht?
Vielleicht wollen sie deswegen kein einsturzgefährdetes Dach über
dem Kopf haben? Wir wissen es nicht, und wir können uns natürlich auch nicht sicher sein, warum die Ponys in Connemara und
auch Pferde anderswo auf der Welt bei Gewitter Stellen aufsuchen,
an denen sie vor Blitzeinschlägen geschützt sind.

Allwettertauglich:
Pferde wissen, wie sie sich bei Gewitter
verhalten müssen.

118 | 119

Was wir aber wissen: dass sich vor schweren Gewittern oder
Stürmen die Aerosolkonzentration in der Luft erhöht. Nicht so
sehr natürlich wie bei einem Erdbeben, aber offensichtlich genug,
dass der sensible Organismus eines Pferdes darauf reagiert und
ihm – lange bevor der Mensch weiß, dass ein Gewitter kommt –
ein Signal gibt, Deckung zu suchen. Dazu kommt bei den frei lebenden Pferden in Connemara wahrscheinlich wirklich so etwas wie
„Erfahrung" oder durch die Mütter erlerntes Wissen. Und in diesem
Zusammenspiel werden sie zu Wetterspezialisten, die in einem sehr
wechselhaften Klima ohne Probleme überleben können.

STEUERMANN: MIT KARTE UND KOMPASS

Für Pferdeleute steht es seit Jahrhunderten außer Zweifel: Pferde haben einen hervorragenden Orientierungssinn. Geschichten darüber sind wahrscheinlich schon seit Dschingis Khans Zeiten fester Bestandteil aller Reiterlegenden, manche aus der Neuzeit sind sogar sehr gut belegt. Eine davon, überliefert von dem großen Hippologen Wilhelm Blendinger, handelt zum Beispiel von einem Kavalleriepferd, das gegen Anfang des vorigen Jahrhunderts auf einer Generalstabsreise im Zug von Potsdam nach Hirschberg in Schlesien gebracht worden war. Dort aber riss es sich beim Ausladen los und verschwand im Galopp. Alles Suchen und alle Nachfragen rund um Hirschberg blieben erfolglos. Der Wallach war verschwunden – vier Tage lang. Dann tauchte er, müde, verdreckt, erschöpft und hungrig wieder auf: in Potsdam, wo er direkt seinen gewohnten Stall ansteuerte und sich selbst in seine Box stellte. Er hatte mindestens 200 Kilometer Weg hinter sich, und wie er, der ja im geschlossenen Waggon von Potsdam nach Hirschberg transportiert worden war, den Weg zurückgefunden hatte, blieb zuerst einmal ein Rätsel. Die Geschichte aber diente Blendinger als Beleg für den Orientierungssinn der Pferde.

DER FEHLVERSUCH

Das aber reichte den dem Behaviorismus verhafteten Verhaltensforschern nicht. Einer von ihnen, der später als Tierfilmer berühmt
gewordene Bernhard Grzimek, wollte es genauer wissen und
nutzte darum die Gelegenheit, mit Stuten eines polnischen Araber-
gestütes zu experimentieren. Die ersten von ihnen packte er in einen
Transporter und ließ sie in Dörfer außerhalb der Sichtweite ihres
Heimatgestütes fahren. Dort wurden sie ausgeladen und sollten nun
unter den wachsamen Augen des Professors möglichst direkt den
Heimweg antreten.

Das Problem war nur: Die Araberstuten dachten gar nicht daran.
Sie bummelten durch die Dörfer, sie knabberten mal hier und mal da
an einem Rain, aber Richtung Heimat marschierte keine. Grzimek
musste seine vierhufigen Versuchskaninchen irgendwann wieder
einsammeln, in den Transporter packen und zurückfahren. Grzimek
gab nicht auf: „Wir wollen es ihnen leichter machen, sage ich mir,
und bringe die nächste, Hortensia, nur ganze fünf Kilometer vom
Gestüt weg. Man kann die Gebäude beinahe liegen sehen. Hortensia
schlendert in verkehrter Richtung zum nächsten Dorf ... Die Stute
geht hinter den Scheunen des fremden Dorfes herum, zeitweise
macht sie kleine Ausflüge in die Äcker, kommt aber immer wieder
zum Dorf zurück..."

Grzimek fing Hortensia wieder ein und probierte es mit der drei-
jährigen Schimmelstute Arabeska: „Sie wird nicht gefahren, sondern
mit verbundenen Augen geführt. Aber auch sie läuft in verkehrter
Richtung zum nächsten Dorf und bleibt dort." Grzimek schließt
seinen Bericht enttäuscht: „Es hat keine von unseren Araberstuten
aus unbekannter Gegend nach Hause gefunden. Sie haben den
sagenhaften Orientierungssinn nicht besessen, den man Pferden so
oft nachgesagt hat und der in so vielen Pferdebüchern spukt."

Rückkehr vom Familienausflug:
Pferde mit trainiertem Orientierungssinn
finden immer nach Hause.

122 | 123

Ein Trampelpfad:
Pferde folgen gern vertrauten Wegen.

WIE NAVIGIEREN TIERE?

Bernhard Grzimeks Schluss war ein wenig vorschnell, aber verständlich, denn er war nicht der einzige Verhaltensforscher, der sich beim Thema „Orientierungssinn von Tieren" fast die Zähne ausbiss. Seinen Kollegen ging es selbst mit Tieren, deren Orientierungssinn absolut unbestritten ist, nämlich den Brieftauben, kaum besser als ihm. Dass sie offensichtlich navigieren und aus unbekanntem Gebiet heimfinden können, steht völlig außer Zweifel. Aber wie machen sie es? Die Frage war lange ungeklärt.

Dafür aber gab es zwei Thesen: Die einen Forscher meinten, die Brieftauben würden sich an den Magnetlinien orientieren, die die ganze Erde wie das Meridiansystem unserer Karten überziehen. Die anderen aber sagten, dass diese Magnetlinien nicht stark genug seien – tatsächlich sind sie ja in manchen Gegenden selbst mit besten Messgeräten kaum zu finden. Sie nahmen daher an, dass Brieftauben navigieren wie schon die alten Seefahrervölker: nach Sonnenstand beziehungsweise Sternbildern.

Beide Fraktionen machten sich daran, ihre jeweiligen Thesen durch Experimente zu belegen beziehungsweise die These der anderen Partei widerlegen zu wollen. Die, die den Magnetsinn belegen wollten, klebten ihren Brieftauben kurzerhand die Augen zu, ließen sie fliegen und sagten, nachdem die klugen Vögel zu Hause gelandet waren: „Das ist der Beweis: Sie haben nichts gesehen, also können sie sich nicht am Stand der Sonne oder einem Sternbild orientiert haben. Sie müssen also nach den Magnetlinien navigiert haben."

Gleichzeitig hatte aber die andere Fraktion auch Experimente unternommen: Sie hatte Tauben falsch gepolte Magneten umgehängt, sodass ihnen die Orientierung an den Magnetfeldern der Erde unmöglich wurde. Tatsächlich hatten sie ein paar Probanden in ihren Reihen, die nicht heimfanden. Andere aber ließen sich nicht irritieren, sondern strebten den heimischen Schlag nach wie vor auf direktem Weg an.

SYSTEM MIT AUSFALLSICHERUNG

Des Rätsels Lösung war relativ einfach: Tauben haben etwas mit modernen Navigationscomputern gemeinsam. Wie diese benutzen sie nämlich ein sogenanntes „redundantes" System, in dem bei Ausfall einer Möglichkeit kurzerhand eine andere zugeschaltet wird. Konkret: Wenn die Sonne scheint oder der Nachthimmel klar ist, orientieren sich Brieftauben daran. Regnet es aber, schalten sie ein Magnetkompasssystem ein, das übrigens so fein geeicht ist, dass sie sogar Magnetlinien erkennen können, die für menschliche Geräte kaum noch messbar sind. Aus diesem Grund hatte übrigens ein Teil der falsch gepolten Tauben ein Problem gehabt: Sie waren bei bedecktem Himmel gestartet worden – und sehr weit weg von zu Hause. Inzwischen weiß man nämlich, dass Tauben sogar noch ein drittes System haben: Wenn sie in Gegenden unterwegs sind, die sie schon einmal überflogen haben, navigieren sie nach Orientierungspunkten in der Landschaft, die sie sich offensichtlich schon beim ersten Überflug gemerkt haben.

Orientierungsspezialisten:
Der Magnetsinn von Brieftauben ist besser entwickelt
als die meisten menschlichen Messgeräte.

126 | 127

Seit man weiß, wie der Orientierungssinn der Brieftauben funktioniert, ist man auch bei anderen Tierarten weiter. Man weiß, dass Lachse, die ja bekanntlich über Tausende von Kilometern wandern, mit Magnetkompass navigieren und für die letzten Kilometer Anmarsch auf ihren Laichplatz die Nase zuschalten und nach vertrautem Duft suchen; man weiß, dass die großen, wandernden Zebra- und Gnuherden in der Serengeti über einen Magnetsinn verfügen, und man hat inzwischen sogar durch Beobachtungen festgestellt, dass sich Wölfe in Alaska auf ihren Jagdzügen nach Karte, das heißt nach ihnen bekannten Orientierungspunkten im Gelände und eingebautem Kompass, orientieren.

Der Orientierungssinn der Pferde nun ist seit Grzimek nicht mehr experimentell erprobt worden. Aber aus den Erkenntnissen bei anderen Tierarten schließt man heute, dass auch Pferde über den eingebauten Magnetkompass und die Fähigkeit verfügen, sich nach Zeichen am Himmel und in der Landschaft zu orientieren.

Allerdings weiß man heute auch, dass zwar die „Instrumente", die den Orientierungssinn bei Tieren ermöglichen, angeboren sind, aber der Gebrauch erlernt und geübt werden muss. Grzimeks damalige Testpferde konnten ihren Orientierungssinn nicht beweisen, weil sie als brave Hauspferde nie Gelegenheit gehabt hatten, ihn einzuüben.

Geübt in Navigation:
Trakehner in der Wüste von Namibia.

In den letzten Jahren hat sich in der Verhaltensforschung und Biologie eine ganze Menge getan, und es sind einige neue Disziplinen
entstanden. Eine davon ist die Chronobiologie, die Wissenschaft,
die sich mit der Erforschung des Zeitsinnes beschäftigt. Dass
Tiere und Menschen einen solchen Sinn haben, ist spätestens seit
der Erfindung von Flugzeugen, welche die Entfernung zwischen
Kontinenten innerhalb weniger Stunden bewältigen können, außer
Zweifel.

Zu später Stunde:
Pferde wissen stets, was
die Uhr geschlagen hat.

Wüssten wir Menschen nur durch einen Blick auf die Uhr oder auf die Sonne, wie spät es ist, hätten wir, wenn wir schnell zwischen verschiedenen Zeitzonen hin- und herreisen, nicht mit dem Jetlag zu kämpfen. Den verursacht unsere innere Uhr – und die haben nicht nur wir, sondern wahrscheinlich auch höher entwickelte Tiere.

WO IST DIE INNERE UHR?

Die Frage ist nur: Wo sitzt sie und wie wird sie gesteuert? Nach Antworten auf diese Fragen suchen die Chronobiologen – bisher übrigens weitgehend vergeblich. Eine ihrer ersten Thesen, dass die Zirbeldrüse als innere Uhr wirke, indem sie bei Tag sehr wenig und bei Nacht sehr viel Melatonin ausschüttet, ist inzwischen wieder verworfen. Die Zirbeldrüse folgt zwar einem ziemlich genauen 24-Stunden-Rhythmus, doch wenn man sie austrickst, indem man einem Organismus künstlich Melatonin zuführt, bleibt das Zeitgefühl dennoch erhalten. Daher vermutet man inzwischen, dass die Zirbeldrüse als „Korrektor" für die innere Uhr arbeitet, die sie durch Melatoninausschüttung immer wieder „nacheicht" – und dass sie vermutlich durch Lichteinflüsse gesteuert wird. Das macht es uns überhaupt erst möglich, einen Jetlag zu überwinden und uns – nach einer gewissen Adaptionsperiode – in eine andere Zeitzone einzugewöhnen. Aber Genaues über die Funktion der inneren Uhr weiß man immer noch nicht.

Was man jedoch sehr genau weiß: dass alles Leben auf der Erde einem Rhythmus folgt und dass er vermutlich nicht durch ein spezielles Organ, sondern durch unseren ganzen Körper geliefert wird. Man weiß nämlich , dass bei uns und anderen hoch entwickelten Säugetieren jede einzelne Körperzelle ihre enzymatischen Prozesse in einem bestimmten, immer wiederkehrenden Rhythmus abwickelt.

Bei uns Menschen sind übrigens inzwischen 150 verschiedene physiologische Prozesse bekannt, die diesem Phänomen unterworfen sind. Wir können davon ausgehen, dass es bei Pferden ebenso ist und dass sie, wie wir Menschen, vom circadianen („circa" = etwa, „dies" = Tag, also 24-Stunden-Rhythmus) wie auch einem Mondphasenrhythmus gesteuert werden.

Wie sich der circadiane Rhythmus auswirkt, weiß jeder, der schon einmal mit einem Tier zusammengelebt hat: Selbst ein Wellensittich und noch mehr natürlich Säugetiere wie Hund, Katze und Pferd kennen schon nach kurzer Zeit mit ihrem Menschen den Teil seines Tagesplanes, der für sie relevant ist. Pferde wissen zum Beispiel, wann in ihrem Stall die Mahlzeiten verabreicht werden. Und die Pferde, die dazu von ihrer Koppel in die Box geholt werden, stehen oft genug schon fünf Minuten vor der Futterzeit ungeduldig wartend am Zaun. Die innere Uhr kann aber mehr als die am Handgelenk. Sie sagt Pferden und anderen Tieren nämlich nicht nur die aktuelle Uhrzeit an, sondern liefert offensichtlich auch Informationen über den Wochentag dazu.

DER KATER, DER ZUM BINGO GING

Darauf kam ein englischer Wissenschaftler mehr oder minder zufällig – oder weil er durch ein Tier mit der Nase darauf gestoßen wurde? Das Tier, das ihn neugierig machte, war sein Kater Willie. Der hatte die Gewohnheit, jeden Montag gegen 19:30 Uhr mit lautstarkem Miauen sein Futter anzufordern, es hastig hinunterzuschlingen und sich dann davonzumachen.

Eines Montagabends packte seinen Besitzer die Neugierde. Er wollte wissen, wohin Willie verschwand, und folgte ihm. Willie marschierte zielstrebig los – zum Universitätsgelände und dort, ohne irgendwelche Aufenthalte oder Zwischenstationen, zur Frauenklinik.

In Warteposition:
Wann kommt endlich unser Futter?

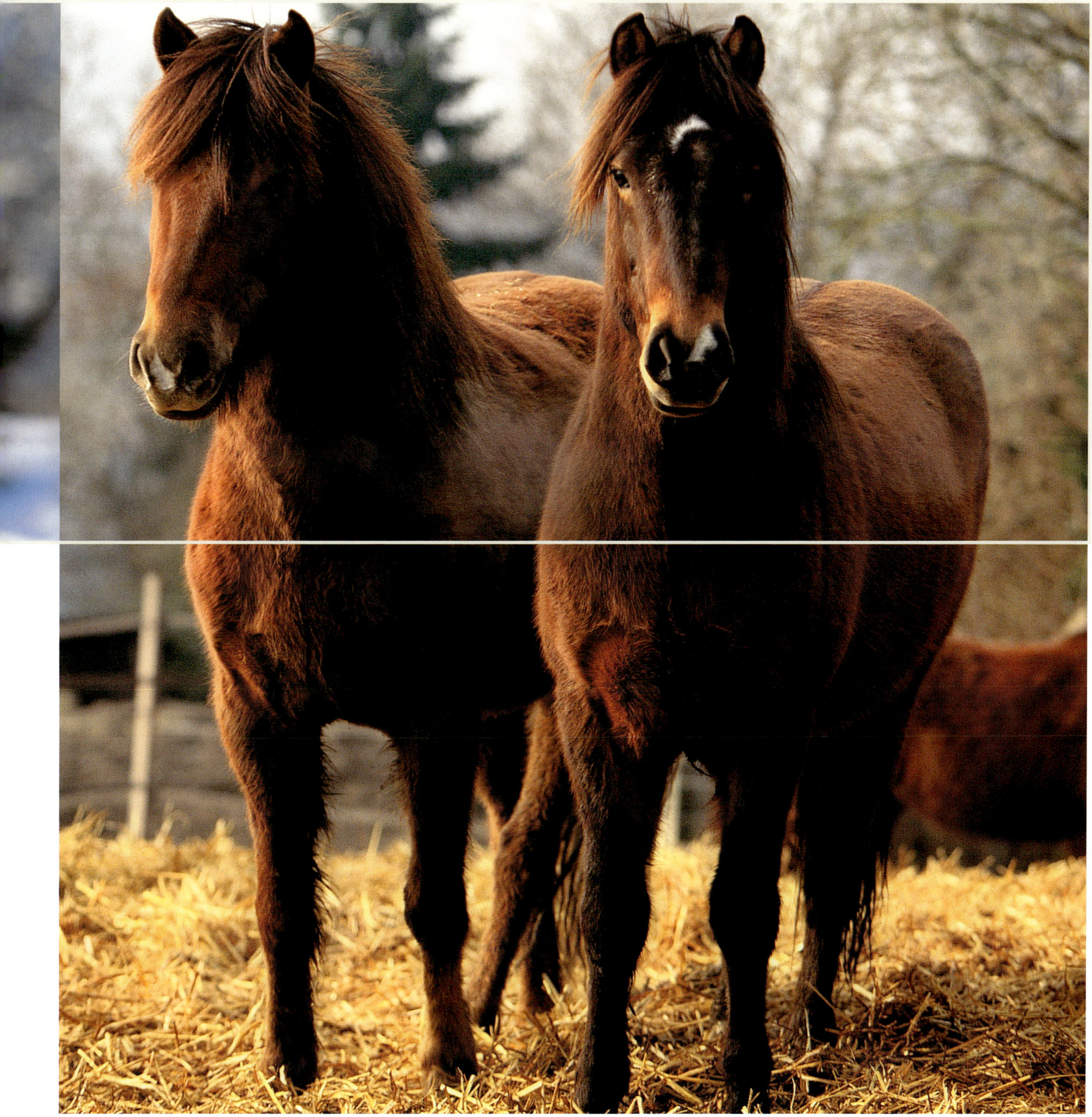

Auf dem Weg zum Rendezvous:
Auch Katzen haben einen Terminkalender.

Angekommen, sprang er auf eine Fensterbank im Erdgeschoss und beobachtete zwei Stunden lang mit großem Interesse, was sich in dem hell beleuchteten Raum dahinter tat. Dann schlenderte er, offensichtlich mit seinem Abendprogramm sehr zufrieden, gemütlich wieder nach Hause.

WAS MACHT WILLIE IN DER FRAUENKLINIK?

Professor Eckstein, sein Mensch, hätte nun zu gern gewusst, was der Kater hinter dem Fenster so interessiert betrachtete, aber weil es eine Frauenklinik war, wagte er es nicht, einfach einmal durch das Fenster zu gucken. Doch nachdem er seinem Willie an mehreren Montagen zur Frauenklinik gefolgt war und immer dasselbe Schauspiel erlebte, konnte er es sich dann schließlich doch nicht mehr verkneifen, zu fragen, was denn montags von 19:45 Uhr bis 21:45 Uhr in diesem Zimmer passierte. Und er erfuhr, dass sich hinter Willies Fenster der Aufenthaltsraum der Schwestern befand, die sich dort jeden Montag zu einer Bingorunde trafen. Die Damen verrieten dem Professor dann auch, dass sie an ihren vierbeinigen Zuschauer auf der Fensterbank gewohnt seien. Professor Eckstein hat nie herausgefunden, was seinen Willie an Bingo spielenden Krankenschwestern so faszinierte. Aber klar war für ihn, dass sein Kater offenkundig nicht nur wusste, wann 19:45 Uhr war, sondern auch, wann Montag war, denn an anderen Tagen interessierte er sich überhaupt nicht für die Fenster in der Frauenklinik. Willie kannte offenkundig einen Wochenrhythmus.

Pferdehalter, denen ich diese Geschichte erzählt habe, wunderten sich höchstens darüber, dass der Kater gern beim Bingo zuschaute. Dass er wusste, wann Bingo gespielt wurde, war für sie nicht besonders aufregend, denn sie haben oft genug erlebt, dass auch ihre Pferde einen Wochenplan haben.

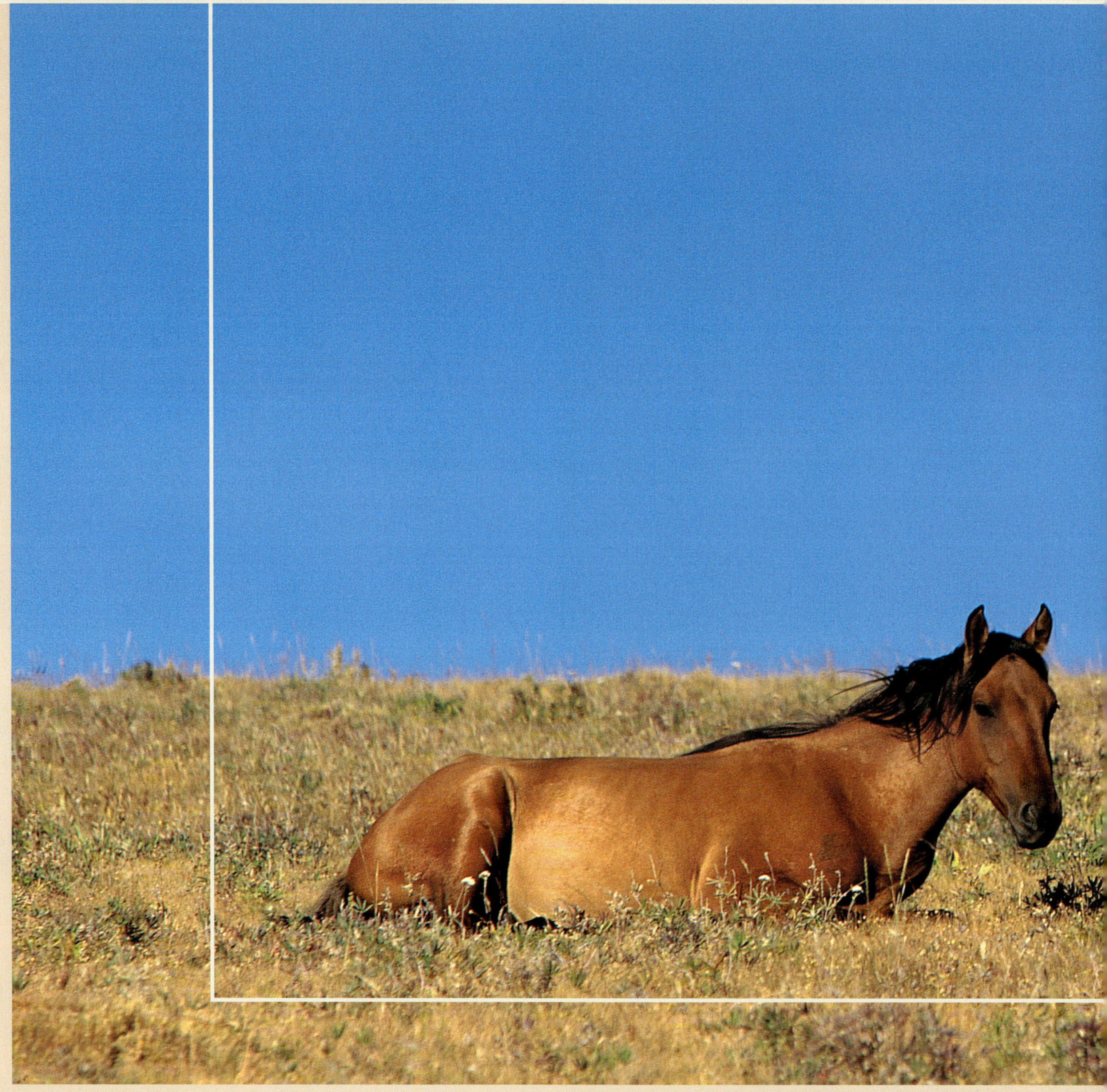

Teamwork ist das halbe Leben

Haben Tiere Gefühle? Können sie sich freuen oder traurig sein, entwickeln sie Zuneigung oder Abneigung für oder gegen andere Wesen? Kann ein Tier glücklich sein? Sie sind geneigt, diese Frage mit einem eindeutigen „Ja" zu beantworten, weil Sie zum Beispiel daran denken, wie sehr ein Hund sich freut, wenn sein Herrchen wieder nach Hause kommt?

Reicht das schon als Beweis dafür, dass Tiere Gefühle haben? Verhaltensforscher alter Schule würden es bestreiten. Sie würden das Schwanzwedeln und fröhliche Bellen nämlich nicht als „Freude" beschreiben, sondern vermutlich als „typisches Begrüßungs-verhalten eines Caniden".

„Oft schnaubt er fort,
   starrt dann auf eine Stelle,
fährt wieder auf jetzt,
   wenn ein Blatt nur fällt,
enteilt im Flug,
   beschämt des Windes Schnelle,
und läßt sie raten,
   wo er endlich hält.
Durch seine Mähne pfeift des Windes
Singen, und Schweif und Mähne wehn
ihm nach als Schwingen.
Vor seinem Lieb dann bleibt er
   wiehernd stehn;
sie wiehert auch, als freute sie sein Spiel;
doch bald, wie Weiber:
   stolz, ihn heiß zu sehn,
macht sie die Spröde; tut sie fremd und kühl,
weist ab sein Werben, stampft in sein
   Verlangen, schlägt mit den Fersen sein
   verliebt Umfangen."

WILLIAM SHAKESPEARE,
„VENUS UND ADONIS"
ÜBERTRAGUNG FERDINAND FREILIGRATH

WARUM FREUT SICH DER HUND?

Wenn man sie fragen würde, warum der Hund das „typische Begrüßungsverhalten eines Caniden" gezeigt hat, würden sie vermutlich mit dem guten alten Reiz-Reaktions-Schema kommen, bei dem jedes tierische Verhalten damit erklärt wird, dass ein bestimmter Reiz (in diesem Fall das Heimkommen des Herrchens) beim Tier eine bestimmte, im Verhaltensmuster des jeweiligen Tieres festgelegte Reaktion hervorruft – so wie der Druck auf eine bestimmte Taste am Computer die Software darin zu einer vorher definierten Tätigkeit veranlasst.

Dahinter, so würden Verhaltensforscher alter Schule erklären, steckt natürlich evolutionär Sinnvolles. Der Hund zeigt gegenüber seinem Herrchen das „typische Begrüßungsverhalten der Caniden", weil dieser Mensch ja sein Dosenöffner, also sein Anblick mit der Erinnerung an Futter verbunden ist. Und wie wir seit Pawlow wissen: Jeder Reiz, der den Hund an Futter erinnert, löst als Reaktion aus, dass dem Hund das Wasser im Mund zusammenläuft.

So einfach ist das. Oder etwa doch nicht? Um vom Hund zum Pferd zu kommen: Die meisten Pferde in deutschen Ställen werden nicht von ihren Reitern, sondern vom Stallpersonal gefüttert. Trotzdem wiehern nicht wenige von ihnen ihrem Menschen entgegen und zeigen das „typische Begrüßungsverhalten eines Equiden". Warum? Weil Reiter meist Leckerli in der Tasche haben? Oder vielleicht doch, weil Pferde bestimmte Menschen kennen und ihnen Zuneigung entgegenbringen? Natürlich: Pferde – und auch die vorher erwähnten Hunde – sind domestiziert. Das macht sie für Verhaltensforscher (zumindest alter Schule) zu Tieren, deren Verhalten nicht mehr ernst genommen werden darf, weil es durch den menschlichen Einfluss infiziert ist.

Freude beim Tier:
Nur die Reaktion auf einen Reiz oder mehr?

140 | 141

Das beste Mittel gegen Stress:
Geborgenheit in der Familie.

TIERISCHE GEFÜHLE

Aber was ist mit wild lebenden Zebras? Es ist oft genug beobachtet worden, dass sie zum Beispiel ein zur Herde zurückkehrendes Tier wiehernd und durch Entgegenlaufen begrüßen. Das „typische Begrüßungsverhalten der Equiden", von dem die früheren Verhaltensforscher gesprochen haben, wurde ja bei ihnen beobachtet und für „typisch" befunden. Steht es nicht für Gefühle wie Freude? Und steht das wütende Abwehren eines nicht zur Herde gehörenden Tieres nicht für Aggression und Abneigung, also wiederum für Gefühle?

Mir fällt wieder einmal Shakespeare ein. Sein Horatio sagt: „Es gibt mehr Dinge im Himmel und auf Erden, als eure Schulweisheit sich träumen lässt." Eigentlich sollte man diesen Satz – in Stein gemeißelt, in Holz gebrannt oder in zierlichen Buchstaben kalligraphiert – ins Arbeitszimmer eines jeden Verhaltenforschers hängen. Ernst genommen, hätte er ihnen viele Irrtümer erspart. Inzwischen, ein Vierteljahrhundert nach Eröffnung der Diskussion über „tierisches Bewusstsein", ist nämlich die Grundsatzdiskussion um „tierische Gefühle" beendet. Jetzt ist man bereit, daran zu glauben und davon auszugehen, dass Tiere fühlen, auch wenn sie nicht fähig sind, detailliert und reflektiert darüber Auskunft zu geben. Doch was sagt das schon? Wir Menschen können viele unserer Emotionen nicht begründen – aber zweifeln wir deswegen daran, dass wir sie haben? Stellen wir die Liebe in Frage, obwohl wir nicht erklären können, warum wir uns in die eine Person verlieben, während die andere, die vielleicht viel besser zu uns passen würde, uns kalt lässt?

Einigen wir uns darauf: Höher entwickelte Tiere haben Gefühle. Sie freuen sich, sie sind traurig, sie entwickeln Vorlieben, Sympathien und Abneigungen, sie sind weit mehr als „Reiz-Reaktions-Maschinen", nämlich Individuen, deren Gefühle uns nur darum oft verschlossen bleiben, weil sie sich anders ausdrücken als wir. Aber ausgehend davon: Warum gibt es eigentlich Gefühle? Sie waren – darüber sind sich Evolutionsforscher einig – nicht von Anfang an da, sondern entwickelten sich mit dem Gehirn. Je größer und differenzierter es ist, desto emotionaler ist das zu diesem Gehirn gehörende Wesen. Gleichzeitig gehört aber zu einem hoch entwickelten Gehirn immer auch ein Wesen, das bei seiner Vermehrung einen relativ großen Aufwand treiben muss. Eine Fliege kann einfach Eier legen und diese dann ihrem Schicksal überlassen. Ein Huhn aber muss schon brüten und sich um die Küken sorgen. Und eine Stute gar braucht elf Monate, um ihr Fohlen auszutragen, und muss danach noch ein halbes Jahr stillen und auf das Baby aufpassen. Dabei schafft sie es nicht, mehr als ein Kind pro Jahr zu gebären.

INSTINKT STATT LIEBE?

Verhaltensforscher aus der Schule des Behaviorismus sagen, dass alles, was sich vermehrt –, ob Stubenfliege, Huhn, Pferd oder Mensch – einem Trieb folgt, der ein Instinktprogramm in Funktion setzt, dem der oft ja sehr komplizierte Vorgang der Partnerwahl, der Paarung und der wie auch immer gearteten „Geburt" der Jungen unterworfen ist. Doch ganz so einfach wird's bei Mutter Natur und ihren hoch entwickelten Kindern nicht vor sich gehen.

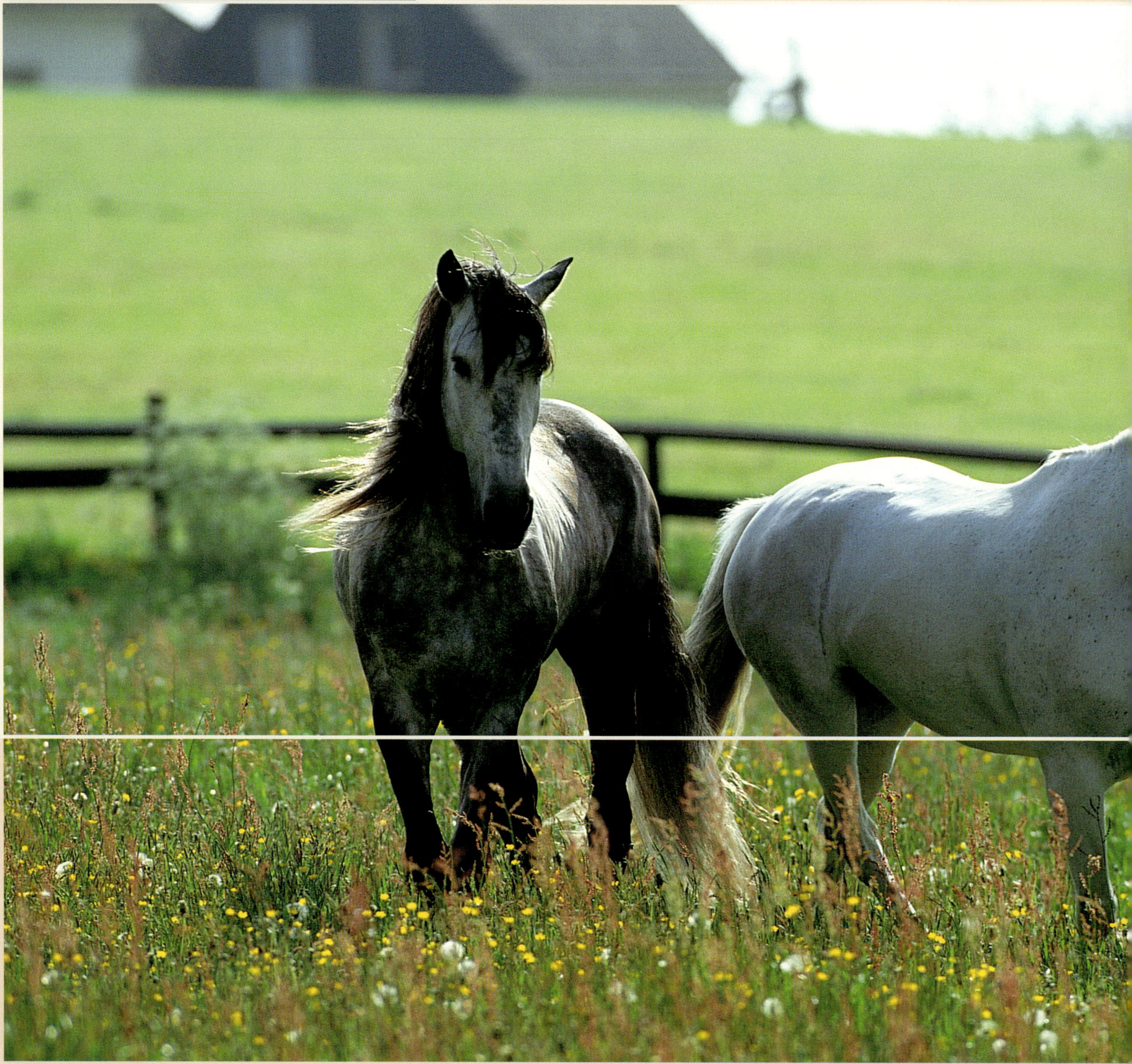

Jedes große Schiff, das heute auf den Weltmeeren unterwegs ist, hat mindestens zwei Kompasssysteme an Bord – falls ein Kompass ausfällt. Jede Bank, die auf ihre Computer angewiesen ist, hat mindestens zwei Systeme gleichzeitig in Funktion – falls eines ausfällt. Wo immer es auf Sicherheit ankommt, setzen wir Menschen auf Redundanz, und ebenso hält es die Natur: Was immer für das Überleben einer Art wirklich wichtig ist, wird doppelt abgesichert. So verfügen Brieftauben eben nicht nur über die Möglichkeit, per Magnetkompass zu navigieren, sondern können sich auch am Stand der Gestirne orientieren. Und Lachse finden ihr Heimatgewässer nicht nur den Magnetlinien folgend, sondern auch, weil sie Duftpartikel, die für uns nicht messbar sind, die für sie aber wie Wegweiser zu ihrem Geburtsplatz wirken, schon kilometerweit vor der Mündung ihres Flusses wahrnehmen.

Diese „redundanten" Systeme erscheinen einem fast klein, wenn man das größte anschaut, das der Evolution eingefallen ist: Das Gefühlsleben. Es ist bei den höher entwickelten Tieren die Sicherung, die dafür sorgt, dass der Trieb zur Vermehrung nicht alles zu leisten hat.

Vermutlich hat es mit einem relativ einfachen Gefühl angefangen: der Freude am Sex. Das kennen nämlich die meisten männlichen und – wie man inzwischen weiß – nicht wenige weibliche Tiere. Es sorgt dafür, dass der Vermehrungstrieb verstärkt wird. Und darüber hinaus motiviert es die Herren der Schöpfung vermutlich sogar, sich für den Genuss, der mit Vermehrung einhergeht, richtig anzustrengen. Das wiederum erhöht in vielen Fällen die Chancen der Muttertiere, ihren Nachwuchs erfolgreich aufzuziehen.

Beim Pferd zumindest ist dem so. Damit ein Hengst in der Natur überhaupt zum Zuge kommt, muss er nämlich erst einmal eine Stute von seinen Vaterqualitäten überzeugen. Schon das ist mit einigem Aufwand verbunden, denn schließlich hat er ja Konkurrenz. Und die bleibt ihm auch erhalten, wenn er eine Stute überreden konnte, mit ihm das Fortpflanzungsgeschäft zu starten. Ergo muss er, um eine zweite Chance zu bekommen, die Dame irgendwie an sich binden – also noch mehr Aufwand betreiben.

Stuten scheinen an Sex nicht sehr interessiert zu sein. Beim ersten Mal schauen sie vielleicht etwas ängstlich, aber schon beim zweiten Mal wirken sie meist ziemlich gelangweilt. Sie bringen den Deckakt hinter sich, ohne dass er sie sehr zu beeindrucken scheint. Aber dafür haben Stuten großes Interesse an ihrem Nachwuchs – wobei wiederum nicht nur der Vermehrungstrieb, sondern ein Gefühl eine Rolle spielt: Mutterliebe.

EIN STARKES GEFÜHL

Selbst hartgesottene Behaviouristen wagen inzwischen kaum mehr, die Existenz von Mutterliebe abzustreiten. Für ein pures, vom Egoismus der Gene gesteuertes Reiz-Reaktions-Schema ist das Verhältnis zwischen Tiermüttern und ihrem Nachwuchs nämlich zu differenziert und zu flexibel und dazu sind auch bei den meisten sozial lebenden Individuen die Trauerreaktionen bei Verlust des Kindes zu ausgeprägt.

Die Mutterliebe sorgt dafür, dass eine Stute ihr Fohlen sogar unter Einsatz ihres eigenen Lebens verteidigt. Und sie sorgt dafür, dass sie sich nur dann an einen Hengst bindet, wenn er sich als fähig erweist, ihr bei der Aufzucht ihres Nachwuchses zu helfen.

Geborgenheit:
Zwischen Mutter und Tante kann man gut
frech gucken.

148 | 149

Familienidylle:
Hengst, Stute und Fohlen
dösen in der Mittagssonne.

Dazu müssen Hengst und Stute aber miteinander kooperieren. Und mit der Diskussion darüber, ob Tiere Gefühle haben, und der weitgehenden Anerkennung solcher ist man inzwischen auch so weit gekommen, Gefühle als ein zusätzliches „Sicherheitssystem" der Evolution zu erkennen. Demnach empfindet ein Pferd Wohlbehagen, wenn es im Kreis seiner Lieben ist, und dieses Gefühl sorgt dafür, dass es immer bemüht sein wird, mit seinen Gefährten in der Herde zusammen zu sein. Das wiederum schützt es davor, alleine Fressfeinden ausgeliefert zu sein, was wiederum die Chance erhöht, dass das Pferd sich fortpflanzen kann.

Ein Fohlen hat Spaß daran, zu spielen – und dabei trainiert es nicht nur seinen Körper, sondern lernt auch Verhaltensweisen, die es als erwachsenes Pferd brauchen wird.

WAS BRINGT ANGST?

Ein Pferd kennt aber auch negative Gefühle wie zum Beispiel Angst. Natürlich wird seine Schreckreaktion auch vom Instinkt gesteuert. Aber wer Instinkt und Gefühle hat, ist unbedingt im Vorteil, weil nämlich Gefühle auf individuellen Erfahrungen basieren und daher erlernt werden können. Das macht flexibel. Während ein Huhn sein „Feindbild" Habicht im Instinktprogramm gespeichert hat und vor allem flieht, was einem Habicht ähnelt, kann ein Pferd, obwohl in seinem Instinktprogramm „Wolf" als Feindbild gespeichert ist und das Auftauchen eines Caniden den Fluchtinstinkt auslöst, durchaus lernen, dass Hund ungefährlich ist und man nicht wegen jedem kleinen Dackel in Panik ausbrechen muss. Das spart Kraft.

Ein anderes zum Überleben sehr wichtiges Gefühl ist Schmerz.
Ein Kind, das sich einmal an einem Backofen verbrannt hat, wird
künftig Öfen meiden. Ein Pferd, das einmal in ein Erdloch getreten
ist und sich dabei ein Bein gezerrt hat, schaut fürderhin genauer
auf den Boden und vermeidet so vielleicht, noch einmal zu stolpern,
sich dabei ernsthaft zu verletzen und damit zur lebensrettenden
Flucht vor einem Raubtier unfähig zu werden.

Gefühle – ob negativ oder positiv, ob Freude oder Kummer –
machen ein Wesen lernfähig und flexibel. Sie verbinden Familien
und Freunde, sie verfeinern das Reiz-Reaktionsschema und fungieren als zusätzliches Sicherheitssystem. Das ist es vermutlich,
warum die Natur die Gefühle erfunden hat.

NICHT OHNE MEINE HERDE!

Es ist nun einige Millionen Jahre her, dass die Equiden aus dem Wald auf die Steppe umgezogen sind. Mit diesem Umzug war die Wandlung vom Einzelgänger zum Familientier verbunden. Die Gründe dahinter sind einfach zu erklären: Im Wald konnte man sich noch vor angreifenden Fressfeinden verstecken. Auf der Steppe aber half dem Pferd nur die Flucht, und um die erfolgreich zu gestalten, ist rechtzeitiges Erkennen einer potenziellen Gefahr erforderlich. Das wiederum setzt voraus, dass man ständig aufpasst, was um einen herum geschieht – ein Job, der für ein Einzelpferd sehr schwer zu handhaben wäre, denn schließlich hat es außer Aufpassen noch ein paar andere Dinge zu tun: Futtersuche, Schlafen, Vermehrungspartner suchen, alles Tätigkeiten, die vom Aufpassen ablenken würden.

Um sich solche lebensnotwendigen, aber leider auch potenziell gefährlichen Ablenkungen leisten zu können, haben Pferde die Fähigkeit zum Teamwork entwickelt: Einer passt auf, während der andere frisst, trinkt oder schläft.

Arbeitsteilung:
Einer wacht, die anderen können in Ruhe fressen.

Im Zweierverband müsste aber der Einzelne immer noch die Hälfte seiner Zeit für den Wachdienst verwenden, und das wäre zu viel. Also schließen sich Pferde zu größeren Gemeinschaften zusammen, denn je mehr Mitglieder eine Gruppe hat, desto weniger Wachdienst entfällt auf den Einzelnen.

Der Haken dabei ist allerdings: Je größer die Gruppe, desto mehr Futter braucht sie. Weil auf der Steppe das Futterangebot aber manchmal knapp ist, muss man wandern, um immer wieder genug zu bekommen. Eine sehr große Herde müsste sehr weit wandern, um immer alle Mitglieder satt zu bekommen. Große Märsche aber erfordern Kraft – also sollte die Gruppe nicht zu groß werden, sondern darf nur so viele Mitglieder haben, dass die Zeitersparnis des Einzelnen beim Wachdienst nicht durch den vermehrten Aufwand bei der Futtersuche wieder nivelliert wird.

GRENZEN SIND FLEXIBEL

Bei Zebras hat man beobachtet, dass die Größe eines Verbandes immer vom Futterangebot im jeweils „bewanderbaren" Revier abhängt. Dieses Revier wird dann gegen andere Zebraherden abgegrenzt. Dazu werden seine Grenzen markiert: Jedes Mal, wenn die darin lebende Herde an einen der Grenzpunkte kommt, setzt sie dort Kot ab, der durch seinen Geruch den Nachbarn klar macht: „Das ist unser Revier. Haltet euch davon fern, sonst gibt es Ärger!" Pferde handeln wohl ähnlich – jedenfalls deuten Beobachtungen bei frei lebenden Pferden in Montana und in Connemara darauf hin. Aber in der Gestaltung ihrer Reviere sind Pferde flexibel, wie der Freiburger Verhaltensforscher Klaus Zeeb bei Beobachtungen der frei lebenden Ponys auf der Dülmener Wildbahn festgestellt hat. Im Sommer, wenn das Futterangebot auf der Wildbahn reichlich ist, halten sich dort die kleinen Pferdeverbände in ihrem Revier auf.

Überschneidungen gibt es selten. Wenn aber ein Pferdeverband dem anderen zu nahe kommt, wird schon einmal gedroht und auch geschlagen. Im Winter aber, wenn auf der Wildbahn durch die menschlichen Betreuer zugefüttert wird, verändern sich die Reviere. Die Dülmener Ponys sammeln sich dann an den Futterstellen und kommen ohne größere Streitigkeiten miteinander klar. Sie scheinen aus Erfahrung zu wissen, dass es dort morgen wieder zu fressen geben wird.

Wie heißt es doch im Volksmund? Man solle das Denken den Pferden überlassen, denn die hätten einen größeren Kopf. Nun, ob das unbedingt empfehlenswert ist, weiß ich nicht. Aber ich kann mich manchmal des Gefühls nicht erwehren, dass man zumindest in Sachen Sozialleben einiges von den Pferden lernen könnte. Dass sie soziale Wesen sind, muss nicht wiederholt werden. Und dass Zusammenleben nicht ohne Regeln funktioniert, muss wahrscheinlich auch nicht extra erwähnt werden. So können wir also direkt zum Thema kommen: Wie funktioniert das Zusammenleben bei Pferds?

Fallen Ihnen an der Stelle die Pferdebücher und -filme aus Ihrer Jugendzeit ein? Haben Sie den stolzen Hengst vor Augen, der – natürlich mit lautem Wiehern und heftigem Aufstampfen – erst einmal fünf seiner Artgenossen verprügelt, um sie von seinem Harem fern zu halten, bevor er die ihm treu ergebenen Stuten zusammentreibt und dahin führt, wo das Gras am grünsten und das Wasser am saubersten ist?

Erinnern Sie sich daran, wie Ihnen im Biologieunterricht dereinst die Geschichte von der „Hackordnung der Hühner" beigebracht wurde und Sie gelernt haben, wie brutal Machtkämpfe im Tierreich ausgetragen werden?

Dann vergessen Sie's am besten wieder. Sozialleben bei Pferden funktioniert anders – und sehr viel feiner gestrickt, als uns in „Black Beauty" weisgemacht werden sollte. Eine frei lebende Pferdeherde besteht zwar tatsächlich meist aus einem Hengst und einigen Stuten, aber dass der Herr die Herde beherrscht, stimmt nicht.

MÄNNERSACHE

Aufgabe des Hengstes ist es nämlich, die Herde gegen Angreifer zu verteidigen – der riskanteste Job, den man in einem Pferdeteam bekommen kann. Und dass er auf den Hengst entfällt, liegt wohl nicht nur daran, dass männliche Pferde mit ihrem dicken Speckkamm auf dem Hals und den durchaus zum Zurückbeißen geeigneten, nur bei Hengsten regelmäßig auftretenden Hakenzähnen am besten für Kämpfe ausgerüstet ist, sondern auch daran, dass er das für die Herde am leichtesten zu ersetzende Mitglied ist. Fällt er aus, steht schon der nächste Hengst bereit. Würde aber eine Stute bei einer Abwehrschlacht von Löwinnen gerissen, würde das meist gleich zwei Fohlen kosten: ihr in diesem Jahr geborenes Fohlen, das noch bei ihr trinkt, und das, mit dem sie tragend ist. Ergo werden Stuten geschont, während Hengste ihren dicken Hals riskieren müssen.

Daraus resultiert, dass Hengste, die eine Stutenherde führen, keine große Chance haben, alt zu werden. Das wiederum hindert sie daran, Erfahrung zu sammeln, womit sie als Herdenchef disqualifiziert sind. Mangel an Erfahrung ist nämlich im Tierreich das absolute K.o.-Kriterium für einen Anführer.

AUTORITÄT DURCH KOMPETENZ

Und so kommt es, dass Pferdeherden so gut wie immer von einer Stute geführt werden. Die erobert sich ihre Position keinesfalls dadurch, dass sie die Stärkste ist, die alle anderen Herdenmitglieder tyrannisiert, sondern sie ist fast immer in die Verantwortung hineingewachsen und gewinnt ihre Autorität durch Kompetenz. Die muss sie jeden Tag aufs Neue unter Beweis stellen. Fehlentscheidungen darf sie sich dabei nicht erlauben, denn die würden sehr schnell dazu führen, dass ihr Rang in Frage gestellt wird.

Dabei hat sie allerdings einen Vorteil gegenüber menschlichen Anführern: Obgleich sie einige Privilegien genießt, wie Vortritt beim Futter, ist niemand von ihren Untergebenen wild darauf, ihr die Position streitig zu machen. Machtkämpfe – soweit bei Pferden überhaupt von solchen geredet werden kann – finden nur in den „unteren Rängen" statt. Ganz nach oben will kein Pferd.

Dass dem so ist, wurde übrigens zuerst bei Elefanten entdeckt. In Afrika beobachten Verhaltensforscher momentan nämlich ein interessantes und auch trauriges Phänomen: Nach wie vor werden dort Elefanten wegen des Elfenbeins ihrer Stoßzähne gewildert. Dabei müssen fast immer die ältesten Tiere daran glauben, denn sie haben ja die größten Stoßzähne. Gleichzeitig sind diese älteren Tiere auch meist die Leittiere im jeweiligen Elefantenverband. Ihr Tod führt dazu, dass ihre jeweiligen Stellvertreter die Führungsrolle in der Herde übernehmen müssten. Und bis vor einiger Zeit funktionierte das auch fast immer.

Doch weil die Wilderer immer dreister wurden und immer mehr
ältere Elefanten schossen, sind inzwischen in vielen Rudeln die
Alphatiere relativ jung und ihre Stellvertreter folglich noch jünger –
manchmal so jung, dass sie sich offenkundig nicht zutrauen,
die Führung eines Familienverbandes zu übernehmen.
Was sich dann abspielt, ist inzwischen oft beobachtet und beschrie-
ben: Der führerlose Familienverband ist einige Tage lang sehr
unruhig. Weil keiner sich entschließen kann, ein eindeutiges
„Kommando" an die anderen zu geben, streifen die Elefanten zum
Beispiel bei der Futtersuche wie ziellos umher. Dabei begegnen sie
früher oder später einer anderen Elefantenfamilie – und inzwischen
kommt es sehr oft vor, dass sich der seines Leitelefanten beraubte
Verband einfach einem anderen, der noch ein erfahrenes Alphatier
hat, anschließt. Daraus ergibt sich, dass es in Afrika zwar mittler-
weile weniger Elefanten, aber dafür größere Elefantenfamilien gibt.
Und Verhaltensforscher schließen aus diesen Beobachtungen,
dass der Rang eines Leittieres offenkundig gar nicht so begehrens-
wert ist, wie er uns ehrgeizigen Menschen erscheint.

PRIVILEGIEN MÜSSEN VERDIENT WERDEN

Tatsächlich lässt sich das Phänomen des unwilligen Stellvertreters
auch bei Pferdeherden beobachten. Fast jeder Pferdezüchter,
der eine als Verband fungierende Gruppe aufgebaut hat und dem
irgendwann einmal das Leittier abhanden gekommen ist, kann
davon berichten, dass die Gruppe einige Zeit brauchte, bis wieder
ein Pferd eindeutig die Position der Nummer eins darin übernahm.
Es ist nämlich so, dass eine Leitstute sich nie auf ihren Lorbeeren
ausruhen und ihre Privilegien in Ruhe genießen kann. Sie hat jeden
Tag neu zu beweisen, dass sie ihren Job noch zum Nutzen und
Frommen der ganzen Herde ausführen kann.

Lorenz' Lehrer:
Von Graugänsen lernten Verhaltensforscher,
wie Prägung funktioniert.

WIE MAN GÄNSEN DAS FLIEGEN BEIBRINGT

Wie zerbrechlich Autorität im Tierreich ist, hat der große Konrad Lorenz im Eigenversuch herausgefunden. Lorenz forschte mit Graugänsen, die ein sehr differenziertes Sozialverhalten haben. Um dahinter zu kommen, wie es funktioniert, erlernte er nicht nur „Gänsisch", sondern nützte das Instinktprogramm der Prägung, um sich zum Alphatier einer Junggansgruppe zu machen. Graugänse erkennen nämlich dasjenige Wesen als Mama und Führer an, das auf ihren ersten Fühlungslaut nach dem Schlüpfen antwortet.

Lorenz nutzte das, indem er einige Graugänse von einer Glucke ausbrüten ließ und sich ihrer sofort nach dem Schlüpfen annahm. Damit waren sie auf ihn geprägt und folgten ihm auf dem Fuße. Gleichzeitig hatte er aber die Verantwortung für seine Gänsekinder übernommen und musste ihnen beibringen, was sie normalerweise von Mama Gans gelernt hätten: Wo man Futter findet, an welcher Stelle man badet und wie man sich vor einem Fuchs rettet. Fliegen musste er ihnen nicht beibringen – das können Gänse, sobald ihre Schwungfedern tragfähig sind. Was sie aber lernen müssen, ist Starten und Landen. Hier war Gänsemama Lorenz gefragt, und weil er oft genug richtigen Gänsemüttern zugeschaut hatte, wusste er, was zu tun war: Sobald er eine Wiese fand, die genug Raum zum Starten bot, sorgte er dafür, dass seine kleine Schar sich hinter ihm in den Wind drehte und gab ihnen den Befehl aufzufliegen. Die Gänsekinder taten es brav und offenkundig nicht sehr irritiert dadurch, dass ihre Möchtegernmutter ihnen zwar vorausrannte, sich aber nicht in die Lüfte erhob. Sie drehten über ihm ihre Kreise, bis er das Signal zum Landen gab. Hierbei wiederum musste Lorenz dafür sorgen, dass seine Küken mit dem Wind auf die Wiese niedergingen.

Pferd allein auf weiter Flur:
ein potenzielles Opfer.

Es klappte so hervorragend, dass den Professor eines Tages die Lust ankam, ein kleines Experiment mit seinen Küken zu machen. Er ließ sie starten – und gab dann das Landesignal so, dass die kleinen Gänse gegen den Wind auf den Boden zurückkamen. Es geschah, was geschehen musste: Sämtliche Gänsekinder hatten Probleme, kugelten und überschlugen sich, taten sich wohl auch ein bisschen weh und begriffen dabei etwas, womit Lorenz nicht gerechnet hatte: Die Gänsekinder lernten durch diese Erfahrung, dass ihre Leitperson nicht verlässlich war. Und von diesem Tag an hatte Konrad Lorenz ein Problem mit seinen Start- und Landesignalen. Seine Gänsekinder folgten ihm nämlich nicht mehr. Sie hatten einmal Grund gehabt, seine Autorität zu bezweifeln. Einmal hatte er – in ihren Augen – einen Fehler gemacht. Das reichte ihnen schon, seine Führungsrolle nicht mehr anzuerkennen.

NATUR KENNT KEINE FEHLERTOLERANZ

Aus Gänsesicht verständlich: Das Leben in der Natur hat keine Fehlertoleranz. Wer sich verletzt – und sei's auch nur dadurch, dass er sich bei einer Landung gegen den Wind eine Schwungfeder abdrückt oder ein Bein verzerrt – schwebt schon in Lebensgefahr. Denn durch das Handicap wird schnelle Flucht unmöglich und die Futtersuche erschwert.

Bei Pferden ist es ähnlich. In der Natur leben sie meist von der Hand in den Mund und unter ständiger Bedrohung. Jede kleine Verletzung kann das Aus bedeuten, denn die jeweiligen Fressfeinde warten ja nur darauf, dass ein Pferd Schwäche zeigt und sich damit zum potenziellen Opfer macht. Und selbst wenn Flucht noch möglich ist, dann kostet die Heilung einer Verletzung doch Energie, also eine Ressource, die auf der Steppe nicht leicht wiederzugewinnen ist.

CHEFPOSITION ALS LEBENSSTELLUNG?

Und weiter gehend: Eine Leitstute, die in der Trockenzeit, wenn Futter und Wasser sowieso knapp sind und alle schon von der Substanz zehren, nicht weiß, wo es noch etwas zu trinken gibt, und ihre Herde auf Irrwege führt, gefährdet die Existenz der ganzen Gruppe. Daher müssen Pferde die Autorität ihrer Anführerin immer wieder in Frage stellen.

Dieses „In Fragestellen" ist aber keineswegs mit Machtkämpfen verbunden. Im Gegenteil: Solange die Leitstute ihre Aufgabe gut erfüllt, gesteht jedes Mitglied der Gruppe ihr alle nur denkbaren Privilegien zu. Sie muss nicht am Wachdienst teilnehmen – obwohl die meisten Leitstuten dennoch stets sehr aufmerksam sind, denn schließlich sind sie es, die das auslösende Signal zur Flucht geben. Aber wenn sie sich einmal zum Schlafen niederlegen, übernehmen meist die Stellvertreterin und eine andere ranghohe Stute den Wachdienst und sind sehr aufmerksam. Schließlich gilt es jetzt auch zu verhindern, dass man die Chefin unnötig hochscheucht, denn die sollte ausgeruht sein, um ihren Aufgaben gerecht zu werden. Und wohlgenährt sollte sie ebenfalls sein, also darf sie als Erste fressen und bekommt bei einem knappen Futterangebot den Löwenanteil. Geht es dann ans Flüchten, hat sie für sich und ihr Fohlen den sichersten Platz: ganz vorne – nicht nur, weil sie führen muss, sondern weil da auch die größte Chance besteht, dass sie einen Angriff übersteht. Dazu wird sie meist noch links und rechts von den jeweils rangnächsten starken Stuten begleitet und beschützt.

Privilegien bei Pferden sind keine „Statussymbole" eines einzelnen Individuums, sondern etwas, wovon alle profitieren. Daraus resultiert wahrscheinlich auch der noch in vielen Pferdebüchern zu findende Irrtum, dass körperliche Stärke ein Tier zum Anführer prädestiniert. Was das angeht, hat die Verhaltensforschung in den letzten 20 Jahren einige Erkenntnisse gewonnen, die uns Menschen anregen sollten, über unseren Umgang mit Autorität und Hierarchien nachzudenken.

Die wohl interessanteste Entdeckung in diesem Bereich stammt von der Lorenz-Schülerin Anne Rasa, die viele Monate lang eine Mungo-Familie beobachtete.

VON MUNGOS LERNEN

Mungos sind entfernte Verwandte unserer Wiesel. Sie leben in afrikanischen Trockengebieten und zeichnen sich durch ein sehr interessantes Sozialverhalten aus. Ihre kleinen Familienverbände werden nämlich durch eine Matriarchin regiert, die als Einzige in der Gruppe Nachwuchs aufzieht, wobei ihr die jüngeren weiblichen Mitglieder der Gruppe helfen. Dieses Helfen geht so weit, dass die rangniederen Mungodamen oft selbst Junge werfen, diese aber durch Vernachlässigung sterben lassen, während sie als Ammen und Babysitter für die Kinder der Chefin fungieren.

Bis zu Anne Rasas Arbeit über Mungos nahm man an, dass die absolute „Macht", die eine Mungomatriarchin über ihre Familie hat, darauf beruht, dass sie das stärkste Tier in der Gruppe ist – manchmal sogar bis zu einem Drittel größer und schwerer als alle anderen Mungos in der Sippe. Auch bei der von Anne Rasa in freier Natur beobachteten Sippe war die Chefin die Größte, während alle anderen Familienmitglieder ungefähr das gleiche Gewicht hatten.

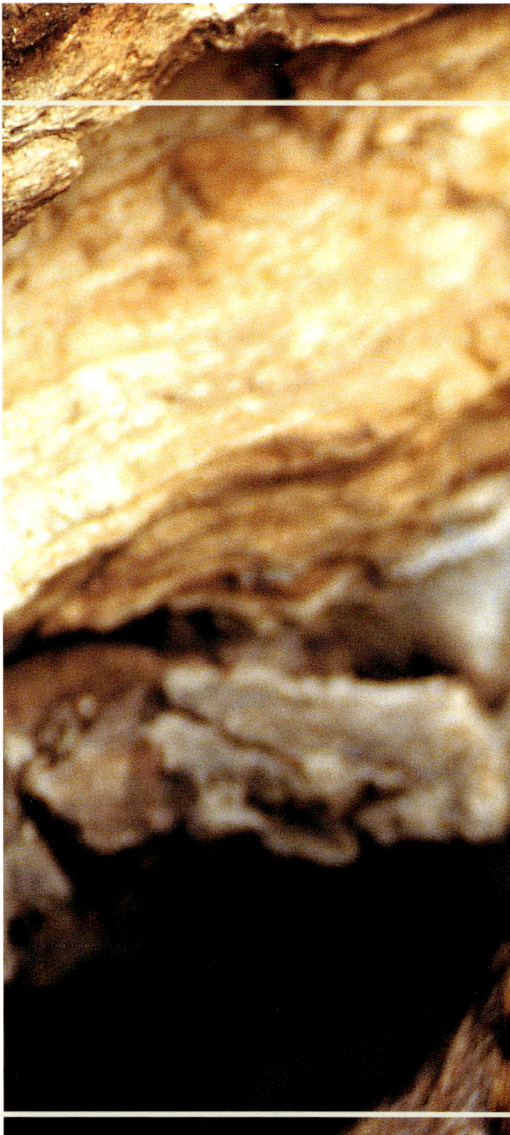

Statussymbol Hengsthals:
je mehr, desto mächtiger.

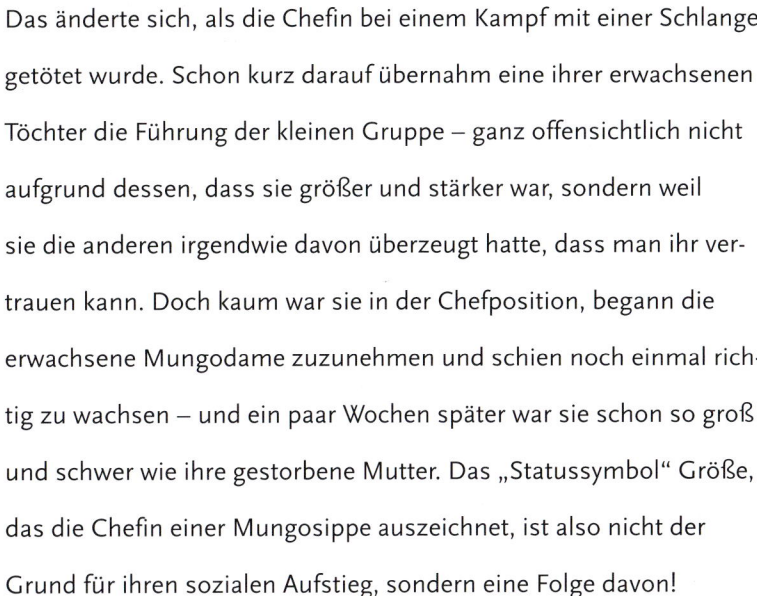

Das änderte sich, als die Chefin bei einem Kampf mit einer Schlange getötet wurde. Schon kurz darauf übernahm eine ihrer erwachsenen Töchter die Führung der kleinen Gruppe – ganz offensichtlich nicht aufgrund dessen, dass sie größer und stärker war, sondern weil sie die anderen irgendwie davon überzeugt hatte, dass man ihr vertrauen kann. Doch kaum war sie in der Chefposition, begann die erwachsene Mungodame zuzunehmen und schien noch einmal richtig zu wachsen – und ein paar Wochen später war sie schon so groß und schwer wie ihre gestorbene Mutter. Das „Statussymbol" Größe, das die Chefin einer Mungosippe auszeichnet, ist also nicht der Grund für ihren sozialen Aufstieg, sondern eine Folge davon!

DIE MACHT-MASSE-FORMEL

Anne Rasas Beobachtung machte Furore – und führte dazu, dass auch andere Verhaltensforscher sich Statussymbole im Tierreich genauer anschauten. Da waren zum Beispiel die Fettbuckel der Bisons, die Auskunft über die soziale Stellung geben: Je größer der Buckel, desto höher der Rang des dazugehörigen Bisons. Bis zu Rasa hatte man angenommen, dass die, denen der größte Fettbuckel wächst, die sind, die durch Stärke ihren Rang erobern. Doch bei genauerer Beobachtung zeigte sich: Auch hier kam erst der Rang und dann das Statussymbol.

Bei Equiden ist das Phänomen inzwischen auch erforscht: Ein Zebrahengst entwickelt seinen Fettkamm auf dem Hals nicht, um damit die Damen zu beeindrucken und zu erobern, sondern bekommt ihn in voller Ausprägung erst dann, wenn er sich schon zum Rang eines Paschas aufgeschwungen hat.

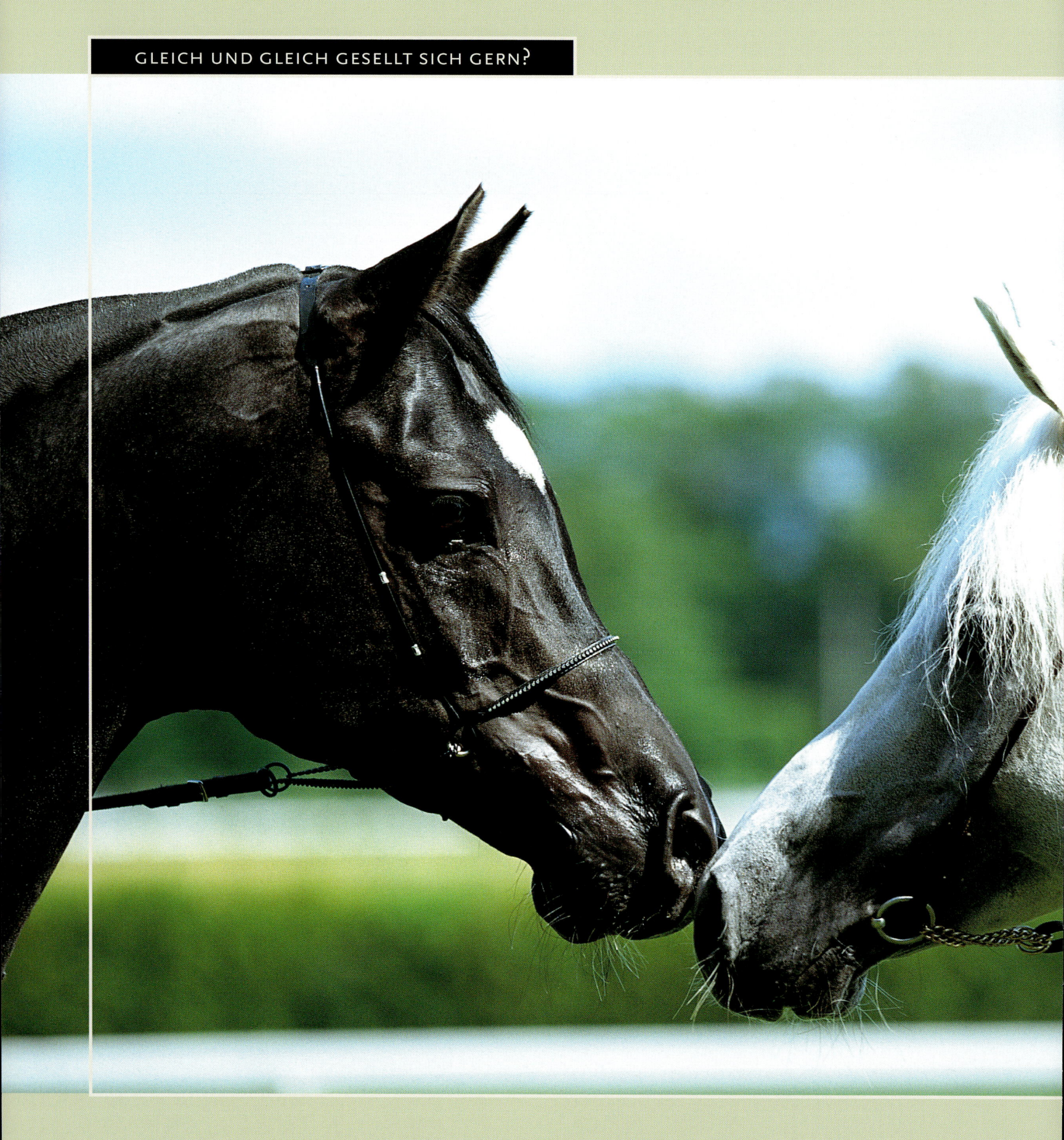

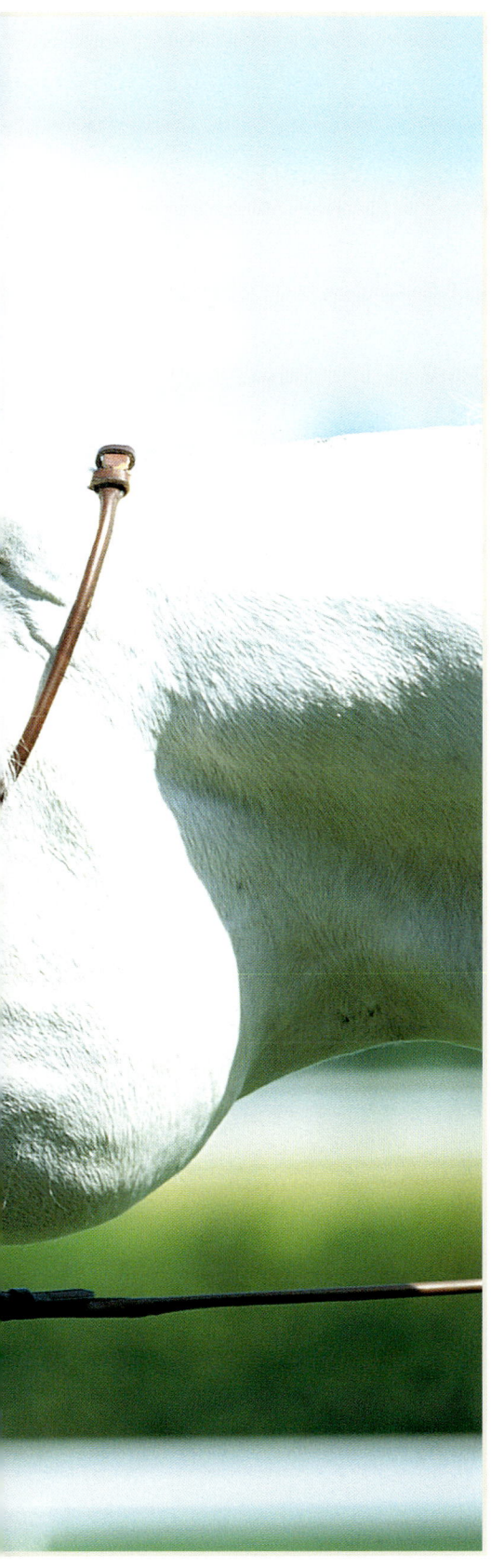

Je mehr wir über das Zusammenleben von Tieren und ihre Inter-
aktion miteinander lernen, desto differenzierter und spannender
scheint es zu werden. So jedenfalls erschien es mir immer – und zu
den Besonderheiten, die der Beobachtung lohnen, gehörten für
mich immer die Pferdefreundschaften. In ihnen zeigt sich nämlich,
dass der Pragmatismus der Evolution und Gefühl durchaus Hand
in Hand gehen.

Dass Zusammenhalt bei Pferden wichtig ist, wissen wir bereits.
Er ist einfach eine Überlebensnotwendigkeit. Aber wie erklärt es sich
eigentlich, dass Pferde bei der Auswahl derer, mit denen sie koope-
rieren, so ausgeprägte Vorlieben und Abneigungen zeigen?
Ein Freund von mir kann ein Lied davon singen: Von seinen sechs
Zuchtstuten können zwei einander absolut nicht ausstehen,
während zwei andere so aneinander kleben, dass sie ein großes
Geschrei erheben, wenn sie auch nur für eine halbe Stunde voneinander getrennt werden. Bei seinen drei Hengsten sind Sympathie
und Antipathie noch ausgeprägter: Althengst P.P. mag seinen
Sohn Aretvan, brüllt aber schon vor Zorn, wenn er Irish Dancer, die
Nummer drei im Hengstbunde, nur von weitem sieht. Dafür sind
aber Aretvan und Irish Dancer sehr nett miteinander und himmeln
gemeinsam Aretvans Mutter Autumnal Fire an. Die wiederum findet
ihren Sohn einigermaßen erträglich, aber Irish Dancer wird von ihr,
außer wenn sie sehr rossig ist, angegiftet und angedroht. Dafür kann
er sich aber bei ihrer Tochter Audicious Lass schadlos halten, denn
die findet ihn offenkundig charmant genug, bei jeder sich bietenden
Gelegenheit mit ihm zu schäkern – auch wenn sie nicht rossig ist.

Ihren Vater P.P. wiederum scheint sie zu fürchten – sein Auftauchen schlägt sie in die Flucht. Begegnet sie dabei aber Aretvans Tochter Charming, versäumt sie es nie, die Ohren anzulegen. Die Damen können sich nämlich nicht leiden. Immerhin sind sie sich aber darin einig, P.P. nicht in ihrer Nähe haben zu wollen ... So könnte man weitermachen, wobei es vermutlich ein sehr großes Diagramm bräuchte, um die Sympathien und Antipathien auf dem Gestüt dieses Freundes auseinander zu sortieren. Auf jeden Fall aber beweisen seine Pferde, dass weder die gemeinsame Zugehörigkeit zur Rasse „Englisches Vollblut" noch das Zusammenleben unter einem Dach und auf einer Koppel ausreicht, Pferde schon zu dicken Freunden zu machen.

FAMILIENBANDE

Ein Diagramm dieser Beziehungen zu zeichnen würde uns aber dem Geheimnis der Pferdefreundschaften vielleicht doch etwas näher bringen – wenn wir dazu Bilder der entsprechenden Pferde verwenden würden. Dann würden wir nämlich feststellen, dass die Kinder der Schimmelstute Autumnal Fire offenkundig ein Faible für Schimmel haben. Autumnal Fire selbst mag aber Braune lieber, wie zum Beispiel den schwarzbraunen P.P. Dessen Favoritin wiederum ist die Rappstute Charming, die von ihm aber nicht be-geistert ist, sondern sich viel lieber mit dem Schimmel Irish Dancer und ihrer hellgrauen Freundin Race Mouse vergnügt.
Sieht man nur eines dieser Paare, also zum Beispiel die beiden Schimmel Audicious Lass und Irish Dancer, könnte man meinen, dass sich bei Pferden „gleich und gleich gern gesellt". Aber warum mag dann die Schimmelstute Autumnal Fire den weißen Irish Dancer nicht? Und warum liebt die Rappstute Charming ihre hell-graue Freundin, die ihr doch gar nicht ähnelt?

Ungleiche Freunde:
Sympathie ist nicht immer auf den ersten Blick
zu erklären.

Gleich und gleich:
Hier ist sofort klar, was die beiden verbindet.

ERKENNE DICH SELBST

Es gibt eine Erklärung dafür – sogar eine recht einfache. Haben Sie schon einmal ein Kleinkind vor einem Spiegel gesehen? Wenn ja, wissen Sie, dass Kinder unter einem gewissen Alter sich darin nicht erkennen, sondern meinen, dass da ein anderes Kind steht. Der Lernprozess, der sie so ihrer selbst bewusst macht, dass sie sich im Spiegel erkennen, setzt erst im Alter von zwei bis drei Jahren ein. Er erfordert eine gewisse Fähigkeit zur Reflexion, und diese Fähigkeit, so glaubte man lange und zum ersten Mal von Aristoteles formuliert, sei es, die den Menschen vom Tier unterscheide.

Ganz abwegig ist das nicht. Tatsächlich gibt es wohl nur eine Tierfamilie, die so viel „Selbstbewusstsein" entwickelt, sich im Spiegel erkennen zu können: Menschenaffen. Schimpansen und Gorillas haben in Experimenten bewiesen, dass sie – nach einem kleinen Vorlauf – ein Spiegelbild als „Das bin ja ich" richtig zuordnen. Andere Tiere aber schaffen das nicht. Pferde jedenfalls sind zu dieser reflektiven Erkenntnis nicht fähig. Ein Pferd im Spiegel ist für sie, solange sie keine Erfahrung damit haben, immer erst einmal ein Artgenosse, der auf die übliche Art begrüßt wird. Da er aber nicht richtig reagiert, wird er, wenn Pferde ein paarmal Erfahrung mit ihm gemacht haben, im Weiteren ignoriert. Als „Das bin ja ich" wird das Spiegelbild aber nicht identifiziert. Demnach können wir davon ausgehen, dass ein Pferd nicht „weiß", wie es selbst aussieht. Es hat aber trotzdem eine Vorstellung, wie ein „richtiges" Pferd, also eines, mit dem man kooperieren möchte, aussehen sollte – und diese Vorstellung bekommt es durch einen Lernprozess, der schon kurz nach seiner Geburt einsetzt und ungefähr nach 14 Lebenstagen üblicherweise vollzogen ist.

HIER BIN ICH – WO BIST DU?

Diesen Vorgang nennt man „Prägung" – womit wir nun wieder bei Konrad Lorenz und seinen Graugänsen wären. Konrad Lorenz war es nämlich, der den Prägungsvorgang entdeckte – durch einen Zufall: Als er das erste Mal Gänseeier von einer Glucke ausbrüten ließ, war er dabei, als eines der ersten Küken schlüpfte. Es tat danach sofort, was jedes kleine Gänslein tut: Es rief nach seiner Mutter. Oder, um die Terminologie der Verhaltensforscher zu nutzen: Es gab den „Stimmfühlungslaut" von sich, den Lorenz mit „Hier bin ich – wo bist du?" übersetzt. Dieser Laut klingt ziemlich jämmerlich und verloren, und so rührte das fiepende Gänsekind des Forschers Herz, und er antwortete auf sein Weinen, indem er mit ihm sprach. Das Küken legte darauf den Kopf schräg und betrachtete Lorenz aus großen Kinderaugen.

Damit war es passiert, was Lorenz zu diesem Zeitpunkt noch nicht wusste. Dass etwas geschehen war, merkte er nämlich erst, als er das Gänsekind unter das Gefieder der Amme stecken und seiner Wege gehen wollte. Sein Küken war davon nicht angetan. Es kam, so schnell es die kleinen Füße trugen, unter der Amme hervorgeschossen und weinte seinen Stimmfühlungslaut. Lorenz tröstete es also wieder, stopfte es unter die Glucke, wandte sich ab – und der Vorgang wiederholte sich: Gänsekind sauste sofort wieder los und weinte. Also Trösten, Zurückstecken, Abwenden – nichts da, das Küken wollte nicht unter das Gefieder der Glucke, es wollte bei Konrad Lorenz bleiben. Den hielt es nämlich für seine Mutter. Und weil Gänseküken keine Chance haben, von einer anderen Gans als ihrer Mutter adoptiert zu werden, ist es in ihren ersten Lebenstagen ihr einziges Bestreben, immer nahe bei der Mutter zu sein.

Nicht ohne meine Mama:
Fohlen brauchen die Nähe ihrer Mutter.

Dafür, dass sie diese erkennen, sorgt der Vorgang der Prägung, der sich daraus ergibt, dass das Gänseküken das erste Wesen, das auf seinen Stimmfühlungslaut antwortet, anschaut und als seine Mutter erkennt. In der Natur funktioniert das problemlos. Das erste Wesen, mit dem ein Gänsekind zu tun bekommt, ist ja dort immer die Mutter. Im Fall von Lorenz' Gänseküken aber kam es zu einer „Fehlprägung", die den Forscher zur Gänsemama machte und im Folgenden dazu führte, dass Lorenz den Vorgang der Prägung erforschte und darüber berichtete.

EIN FALL VON FEHLPRÄGUNG

Darauf untersuchten andere Verhaltensforscher bei anderen Tieren, ob und wie Prägung stattfindet. Für Pferde fühlte sich dabei Bernhard Grzimek zuständig, der Verhaltensforscher, der sich schon mit dem Orientierungsvermögen befasst und dabei geirrt hatte. Im Fall der Prägung aber irrte er nicht. Er ging davon aus, dass ein Prägungsvorgang auch bei Fohlen stattfindet, und testete dies, indem er ein neugeborenes Fohlen sofort nach der Geburt von der Mutterstute trennte und von Menschen mit der Flasche aufziehen ließ. Dabei kam es tatsächlich zu einer Prägung des Fohlens auf Menschen, die sogar so weit reichte, dass sich das Grzimeksche Waisenkind vor Pferden fürchtete und überhaupt nicht fähig war, sie als „seinesgleichen" zu erkennen und mit ihnen Kontakt aufzunehmen. Erwachsen und geschlechtsreif geworden, machte der kleine Hengst seinen menschlichen Betreuern eindeutige Anträge, während Stuten ihn überhaupt nicht interessierten.

Damit war die Prägung bei Pferden bewiesen. Allerdings verläuft sie ein bisschen anders als bei Gänsen. Bei Fohlen ist es nicht der erste Blick, sondern ein Lernprozess, der sich über die ersten Lebenstage hinzieht.

Man kann das feststellen, wenn man eine Stutenherde mit Fohlen im Frühjahr beobachtet: Die neugeborenen Babys stressen ihre Mütter, weil sie ihnen nicht folgen, sondern meist vor ihnen oder eben irgendwo sind, aber halt nicht da, wo ein wohlerzogenes Fohlen sein sollte, nämlich an der Schulter der Mama. Sie scheinen auch noch nicht zu wissen, dass es für sie nur eine offene Milchtankstelle gibt, nämlich das Euter ihrer Mutter, sondern probieren stattdessen, ob aus dem Finger eines Menschen Milch kommt oder ob die Tante nebenan sie vielleicht trinken lässt. Sie sind noch ungeprägt, wissen also noch nicht, wo sie hingehören, und es ist Aufgabe ihrer Mütter, den Kontakt zu ihnen zu halten und ihnen immer wieder klarzumachen: „Hier, bei mir, ist dein Platz."

SCHULTER AN SCHULTER

Nach ungefähr 14 Lebenstagen aber haben die Pferdekinder es gelernt – und von da an kleben sie geradezu an der Schulter ihrer Mama. In den nächsten Wochen muss die Mutterstute sich nicht mehr darum bemühen, ihr Kind bei sich zu behalten, sondern kann davon ausgehen, dass es immer an ihrer Seite ist. Erst mit zunehmendem Heranwachsen macht sich das Kleine wieder selbstständig und nimmt Kontakt zu anderen Pferden auf, wobei es aber immer wieder zur Mutter zurückfindet.

Die Prägung auf die Mutter ist es auch, die dem Pferd sein Bild davon mitgibt, wie ein Artgenosse, mit dem man kooperiert, auszusehen hat. Bei Wildpferden ergibt sich daraus, dass theoretisch jedes andere Wildpferd ein Partner sein kann – Wildpferde sehen nämlich alle relativ ähnlich aus. Und dass man sich unter den Ähnlichen den Ähnlichsten heraussucht, hat nun wieder etwas mit dem „Egoismus der Gene" zu tun: Kooperation erhöht ja bekanntlich die Chancen, sich zu vermehren und seine Gene weiterzugeben.

Tut man sich dann gar mit jemandem zusammen, mit dem man nahe verwandt ist (und Ähnlichkeit mit der Mutter kann ja ein Zeichen für nahe Verwandtschaft sein), gibt man damit den eigenen Genen gleich eine doppelte Chance: Man kann sie möglicherweise nicht nur selbst erfolgreicher weitergeben, sondern auch helfen, dass ein naher Verwandter (also jemand mit sehr ähnlichen Genen) die seinen besser vermehrt. Ergo hat man den Fortbestand der Familiengene gesichert.

Und das funktioniert offenkundig auch noch bei unseren domestizierten Pferden: Die suchen sich ihre Freunde nach dem Bild aus, auf das sie geprägt sind – was ihnen eine relativ gute Chance gibt, mit Pferden zu kooperieren, mit denen sie verwandt sind. Also gilt der Satz „Gleich und gleich gesellt sich gern" für Pferde doch, allerdings im übertragenen Sinne.

NAMEN SIND SCHALL UND HAUCH

Der Anfang von Pferdefreundschaften verläuft meist ähnlich wie der Beginn einer Kinderfreundschaft. Wenn man zwei Pferde, die einander nicht kennen, zusammenbringt, dann schauen sie sich auch erst einmal an. Und wenn diese erste Prüfung ergibt, dass sie einander sympathisch sind, zeigen sie sich das – zum Beispiel dadurch, dass sie mit freundlich nach vorne gestellten Ohren aufeinander zugehen. Es kann eine Weile dauern, bis sie voreinander stehen, aber wenn sie es so weit geschafft haben, dann tun sie genau das, was auch kleine Kinder oft tun: Die Pferde stellen sich einander vor, indem sie dem anderen ihren Namen sagen.

Pferde können gar nicht sprechen, meinen Sie? Sie haben Recht. Aber das hindert die Vierbeiner nicht daran, Namen zu haben und sich mit denen einander vorzustellen.

WAS IST EIN NAME?

Ja, Pferde haben Namen – Namen, die genau wie die unseren dafür sorgen, dass ein Individuum vom anderen eindeutig zu unterscheiden ist. So wie mir, wenn der Name „Robin" genannt wird, unweigerlich mein dunkelhaariger Neffe mit den hellwachen, dunklen Augen einfällt, so wie bei mir der Name „Robin" die Assoziation mit diesem bestimmten Menschen, seinem Aussehen, seinem Geruch und dem Klang seiner Stimme hervorruft, so fällt wahrscheinlich einem Pferd, wenn es den Namen eines Freundes hört, ein, wie dieser Artgenosse aussieht, wie er riecht, wie er klingt. Allerdings: Pferde kommunizieren nicht verbal, und demzufolge verbalisieren sie auch ihre Namen nicht. Sicher, die Klügeren unter ihnen lernen, wenn sie oft genug damit Erfahrungen machen, dass eine bestimmte Lautfolge, die menschliche Freunde in ihrer Anwesenheit immer wieder verwenden, der „Name" ist, mit dem der Mensch sie bezeichnet, und dass sie gemeint sind, wenn diese Lautfolge ausgesprochen wird. Aber der Name, den wir ihnen geben, stimmt garantiert nicht mit dem überein, unter dem sich die Pferde untereinander kennen.

Er besteht auch aus einer Lautfolge – allerdings einer in „Pferdisch", einer Sprache, die wir nicht verstehen und deren Feinheiten uns verschlossen bleiben. Doch wer sehr gute Ohren hat und aufmerksam zuhört, kann trotzdem bemerken, wie Pferde ihre Namen untereinander gebrauchen. Am häufigsten ist der Name des Pferdes zu hören, wenn zwei befreundete Pferde getrennt werden. Dann beginnen sie nämlich, nacheinander zu rufen. Und wenn man zum Beispiel Charmings Suchruf nach Irish Dancer aus dem Pferdischen übersetzen würde, würde sich das so anhören: „Hier bin ich, Charming. Wo bist du, Irish Dancer?" Und seine Antwort wäre wohl ein donnerndes „Hier bin ich, Irish Dancer. Wo bist du, Charming?".

Der Hengstruf:
Er verkündet den anderen,
mit wem sie es zu tun haben.

188 | 189

Ein Teil des „pferdischen" Namens ist übrigens – wie auch bei uns Menschen – der Eigengeruch. Bei Pferden ist der allerdings noch ausgeprägter als bei uns Menschen, denn Pferde haben an der Nase Drüsen, die einen bestimmten Duftstoff produzieren. Wir Menschen können ihn wahrnehmen, wenn wir einmal unsere Nase gegen die eines Pferdes legen. Allerdings ist unser Geruchssinn nicht fein genug, zu erkennen, dass jedes Pferd einen ganz individuellen, für Pferdenasen unverwechselbaren Eigengeruch hat. Der ist aber offensichtlich bei der Kommunikation von Pferden miteinander wichtig – eben als Teil des Namens.

Daher blasen Pferde, wenn sie sich kennen lernen oder nach einer Trennung wieder begegnen, erst einmal sanft in Richtung des anderen – sie „schicken" ihm damit eine namentlich gekennzeichnete Grußbotschaft, die übrigens durch Zurückblasen erwidert wird. Nehmen Sie es also als „Freundschaftsangebot", wenn ein Pferd Ihnen seinen Atem ins Gesicht bläst. Und auch wenn Sie nicht über Duftdrüsen verfügen: Blasen Sie zurück! Die feine Pferdenase wird mit der Botschaft, die Sie ihm senden, etwas anfangen können.

LASS UNS MITEINANDER REDEN!

Eigentlich sind Pferde nicht sehr gesprächig – jedenfalls nicht, was Lautäußerungen angeht. Sicher, sie verwenden ihre „Klangnamen", um in Gefahrensituationen oder bei Trennungen nacheinander zu rufen. Doch wenn man einmal einen Tag an einem Koppelzaun verbringt, fällt einem schnell auf, dass Pferde bedeutend weniger durch Laute miteinander kommunizieren als zum Beispiel Kühe, Katzen oder Hunde.

Der Tanz der Herde:
Pferde sind perfekt synchronisiert.

Meist sind Pferde still, und das aus gutem Grund: In jedem von ihnen, auch dem seit Generationen domestizierten Hauspferd, stecken nämlich noch sämtliche Instinkte des Wildpferdes. Und die befehlen ihm, sich unauffällig zu verhalten und potenzielle Fressfeinde nicht durch Lärm auf sich aufmerksam zu machen.

REDEN OHNE WORTE

Die Ruhe, die eine Pferdeherde auf uns Menschen ausstrahlt, bedeutet aber nicht, dass da lauter in sich zurückgezogene Wesen getrennt voneinander jeweils ihr eigenes Leben leben. Im Gegenteil: In Pferdeherden wird dauernd kommuniziert. Die Hauptsprache des Pferdes ist nämlich die Körpersprache, deren Subtilität man nicht unterschätzen sollte. Das Zucken eines Ohres, das für uns so aussieht, als ob das Pferd nur eine Fliege verscheuchen wollte, kann einem anderen Pferd schon eine ganze Menge sagen. Die Art, wie ein Herdengenosse in eine bestimmte Richtung schaut, oder auch, wie er entspannt steht, all das sind Botschaften, die von den Mitpferden verstanden und teilweise auch beantwortet werden. Wie gut Pferdekommunikation klappt, kann man spätestens dann erkennen, wenn eine Herde vor einer Gefahr flieht. Bernhard Grzimek zeigte bestechende Luftaufnahmen von flüchtenden Zebraherden – auf den ersten Blick eine wogende Masse schwarz-weiß gemusterter Leiber, die anscheinend ohne Ziel und Abstimmung einfach losstürmen. Auf den zweiten Blick aber sieht man, dass Struktur in der Menge ist. Jedes Tier darin kennt seinen Platz, und wie in einer gut trainierten Balletttruppe weiß jedes auch, auf welches Signal des „Vortänzers", also der Leitstute, eine Wendung einzuleiten ist. Die Choreografie einer Pferdeherde scheint perfekt zu sein – und das ohne vorheriges Training!

Dahinter steht natürlich, dass Pferde im Lauf der Evolution lernen mussten, auf kleinste Signale ihrer Herdengenossen zu reagieren. Sie können beim Angriff jagender Löwinnen nicht erst ein Palaver darüber beginnen, wohin man nun in welcher Formation flieht. Das würde zu viel Zeit kosten und die Flucht wahrscheinlich unmöglich machen. Und auch auf Wanderungen wäre es Energieverschwendung, an jeder Ecke stehen zu bleiben und erst einmal darüber zu reden, wie's weitergeht. So viel Zeit und Kraft haben Pferde nicht zu verschenken.

JEDER AN SEINEM PLATZ

Und sie haben natürlich auch keine Zeit für Debatten über die Rangordnung. Unter den erwachsenen Tieren einer Herde ist sie sowieso kein Thema, und den Kindern, die darin aufwachsen, bringt man sehr schnell bei, wer zu wem wie viel Abstand zu halten hat. Ein Fohlen, das der Leitstute zu nahe kommt, wird von ihr angedroht – und wenn das nicht hilft, bekommt es die Hufe der Alphadame zu spüren. Meist reicht ihm die eine Erfahrung schon. Beim nächsten Mal, wenn es beim Spielen der Leitstute oder einem ranghohen Pferd zu nahe gekommen ist und angedroht wird, signalisiert das Fohlen dann schon: „Ich weiß, ich weiß, ich sollte hier nicht sein. Und ich erkenne ja auch an, dass du ranghöher bist." Das Signal dafür ist das so genannte „Unterlegenheitskauen", bei dem das Fohlen aussieht, als ob es auf einem Kaugummi herummümmeln würde.

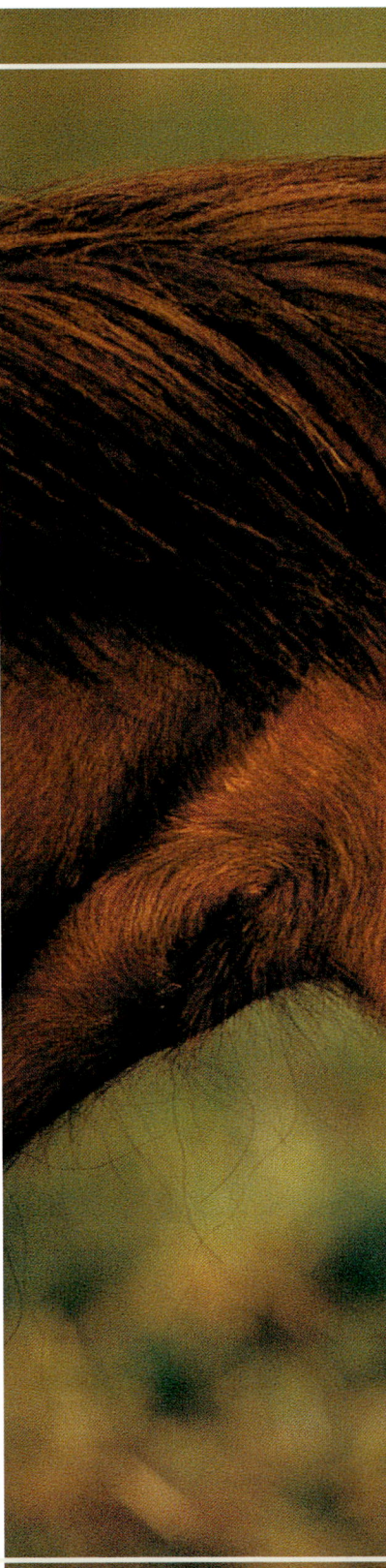

Es wirkt gegenüber den Pferden, bei denen es gezeigt wird, beruhigend und zeigt dem Gegenüber: „Die Drohung ist angekommen, die Rangordnung wird nicht angetastet", also sind weitere Auseinandersetzungen darüber unnötig. Darum sieht man übrigens das Unterlegenheitskauen manchmal auch bei erwachsenen Pferden – da allerdings nur sehr selten. Es kommt praktisch nur bei Hengsten vor, die sich miteinander angelegt haben. Da fliegen die Hufe, da wird gebissen, gerangelt, und es fließt auch schon einmal ein wenig Blut. Unterliegt dabei ein Hengst ganz deutlich und muss nun fürchten, von seinem gereizten Gegner ernsthaft verletzt zu werden, kann er den Kampf sofort beenden, indem er als Zeichen der Kapitulation ein Unterlegenheitskauen zeigt. Es wirkt wie die weiße Fahne: Der überlegene Hengst stampft vielleicht noch einmal auf, brüllt auch noch einmal seinen donnernden Hengstruf, aber dann hat es sich schon. Der Kampf ist beendet, die Verhältnisse sind klar.

Eines ist allerdings nicht klar, wenn zwei Hengste miteinander kämpfen: dass der, der das Hengstduell gewonnen hat, dann auch die Gunst der umkämpften Stuten gewinnt. Entgegen dem Klischee vom stolzen, starken Hengst, der die Stuten in seinem Harem unter der Knute hat, ist bei Equiden nämlich Damenwahl angesagt. Sicher, die Stuten schauen sich Kämpfe zwischen ihrem Herdenhengst und einem Rivalen interessiert an – und wenn der Herdenhengst dabei unterliegt, kann es ihm sehr gut passieren, dass seine Damen mit dem siegreichen Herausforderer von dannen ziehen. Aber das beruht dann nicht darauf, dass der Gewinner die Ladys „erobert" hat, sondern dass sie dem Verlierer nicht mehr zutrauen, die Kraft zu haben, ihre Kinder gegen angreifende Fressfeinde zu verteidigen, und sich daher entscheiden, es mit einem neuen Hengst zu versuchen.

PFERDELIEBE

Und oft kommt es auch vor, dass Pferde sich „verlieben". Es ist in fast jeder Herde so, dass der Hengst eine Lieblingsstute hat, die er mit deutlicher Begeisterung und Leidenschaft umwirbt, wenn sie rossig ist. Diese Zuneigung wird oft genug erwidert. Manchmal sieht man, dass der Hengst und seine Favoritin auch in Zeiten, in denen sie nicht zum Sex bereit wäre, eng beieinander sind und zum Beispiel miteinander grasen.

Hin und wieder kommt es sogar vor, dass eine Stute „ihre" Familie verlässt, um mit einem Hengst eine eigene aufzubauen. Meist passiert das, wenn ein Familienverband ziemlich groß geworden ist und die jungen Stuten als die rangniedersten Tiere darin schon Probleme haben, genug Futter und Schutz zu finden. Dann sind sie durchaus bereit, darüber nachzudenken, ob der gut aussehende Jüngling, der sich – wenn auch mit einigem Sicherheitsabstand zum Herdenhengst – in ihrer Nähe herumtreibt und zu flirten versucht, nicht vielleicht der Hengst fürs Leben wäre. Und wenn er es schafft, sie davon zu überzeugen, dann kann der Herdenhengst noch so laut brüllen, den Jüngling und seine Braut androhen und sie verfolgen – er wird es nicht schaffen, die Stute davon abzuhalten, mit dem anderen auf und davon zu gehen. Das wäre nämlich für ihn eine 24-Stunden-Beschäftigung, die ihn davon abhalten würde, zu fressen, zu trinken, zu schlafen und seinen Wachdienst abzuleisten. Davon wären dann vermutlich die anderen Stuten in der Herde nicht sehr begeistert, und am Ende könnte stehen, dass er durch den Versuch, unbedingt eine Stute bei sich zu behalten, alle verloren hat.

In guten und schlechten Zeiten:
Auch Pferde können sich verlieben.

198 | 199

Liebesspiel:
Sie kokettiert, er wartet ab.

MÄNNERSACHE

Das Dasein eines Hengstes ist generell nicht ganz einfach. Nicht nur, dass er seine Damen das ganze Jahr hindurch Tag für Tag immer wieder zu überzeugen hat, dass er immer noch der richtige Vater für ihre Kinder ist. Nein, wenn es denn im Frühjahr, nach der Geburt der Fohlen, dazu kommt, dass die Damen wieder an seiner Zeugungskraft interessiert sind, hat er für ein paar Wochen richtig Stress. Nun muss er nämlich – neben seinen normalen Aufgaben in der Herde – auch noch seine Verabredungen planen und jede Dame einzeln bezirzen.

Die Planung macht er davon abhängig, welche Stute wann wie rossig wird. Um das festzustellen, nimmt er täglich mit jeder seiner Stuten Individualkontakt auf. Dabei merkt er schnell, wie nahe ihre nächste fruchtbare Zeit ist. Verspürt die Stute nämlich noch nichts davon, beantwortet sie seinen Flirtversuch mit giftig zurückgelegten Ohren und Drohgebärden. Wird sie aber durch ein heranreifendes Ovulum in die richtige Stimmung versetzt, schäkert sie kokett zurück. Sie droht vielleicht ein bisschen – gerade so, als ob sie ihm sagen wollte: „Glaub bloß nicht, du könntest kommen und gleich wollen! Ein bisschen anstrengen solltest du dich schon!" Aber dabei sorgt sie dafür, dass er das nicht zu ernst nimmt. Und wenn er sich ihr nähert und sie beknabbert, dann quietscht sie zwar und läuft ihm noch weg – aber nur so weit, dass er ihr folgen und wieder mit ihr Kontakt aufnehmen kann.

Das Spiel geht dann allerdings über zwei, drei Tage, bis ihr Ei wirklich zur Befruchtung reif ist. In der Zeit muss er sich ständig um sie kümmern. Vernachlässigt er sie nämlich, kann er davon ausgehen, dass sie sich ganz schnell einen eifrigeren Liebhaber unter den jüngeren Hengsten sucht, die in dieser Zeit um die Stutenverbände herumkreisen und sich präsentieren.

LANGES VORSPIEL, KURZER AKT

Ist sie dann endlich hochrossig, macht die Stute es ihrem Hengst insofern leichter, dass sie stehen bleibt, den Schweif zur Seite legt und ihm ihre gut durchbluteten Schamlippen zeigt – ein Vorgang, den man „blitzen" nennt. Er sagt dem Hengst, dass die Stute jetzt zur Begattung bereit ist. Der eigentliche Akt ist dann schnell vollzogen: Die Stute rammt alle viere fest in den Boden und nimmt die so genannte „Sägebockstellung" ein, der Hengst springt von hinten auf, beißt sich an ihrem Hals fest, und nach den üblichen sieben Stößchen (Hengste sind keine sehr ausdauernden Liebhaber – vermutlich, weil sie in der Natur keine Zeit für stundenlange Liebesspiele hätten) ist alles erledigt. Er rutscht, etwas ermüdet, von ihr herunter, die Stute zeigt meist ein etwas gelangweiltes Gesicht, schaut, wo ihr Fohlen abgeblieben ist, lässt es trinken, frisst dann vielleicht ein paar Hälmchen Gras oder geht etwas trinken. Und nach ungefähr einer halben Stunde, wenn sich der Hengst erholt hat, beginnt das Liebesspiel dann wieder von vorne. Nach Beobachtungen deckt ein Hengst während der drei Tage, in denen die Stute paarungsbereit ist, bis zu 12- bis 14-mal am Tag.

ELF MONATE UND FÜNF MINUTEN

Damit hat es sich dann aber in den meisten Fällen bei dieser Stute für dieses Jahr schon. Wenn sie gesund und fruchtbar ist, wird sie dann nämlich tragend und ist während der Schwangerschaft nicht mehr an Sex interessiert. Nach elf Monaten sucht sie sich dann ein ruhiges, geschütztes Plätzchen, um ihr Fohlen zu gebären. Die Geburt findet meist nachts, zwischen zwei und drei Uhr, statt und geht sehr schnell vonstatten. Die Stute legt sich hin, die Fruchtblase platzt, das Fruchtwasser geht ab – und meist ist eine Viertelstunde später schon das Fohlen da. Regulär wird es mit den Vorderbeinen zuerst geboren, die Hüfchen noch in eine wachsartige Schutzschicht gehüllt, damit sie den Geburtskanal der Mutter nicht verletzen können. Das Köpfchen liegt meist auf den Vorderbeinen. Mit dem Durchtritt des Schultergürtels ist dann für die Stuten das Schlimmste geschafft, der kleine Rest rutscht meist ganz einfach vollends heraus.

Abgenabelt wird, indem die Stute aufsteht. Dabei reißt die Nabelschnur an der von der Natur dafür vorgesehenen Stelle, ohne dass es zu einer größeren Nachblutung kommt. Und während dann die Stute, ungefähr eine Viertel- bis eine halbe Stunde nach der Geburt, die Nachgeburt ausstößt, fängt das Fohlen an, seine Beine zu sortieren, um aufzustehen.

AUF DEN BEINEN

Gesunde, kräftige Fohlen schaffen das Aufstehen meist schon in dieser ersten halben Stunde ihres Lebens. Sie stehen dann zwar noch etwas unsicher und wackelig, aber das hält sie nicht davon ab, sofort nach der Milchquelle zu suchen. Die ersten Schlucke Kolostralmilch gönnt

die Stute ihnen in aller Ruhe. Doch danach ist Aufbruch angesagt. Wild lebende Pferde suchen sich meist einen von dem Ruheplatz ihrer Herde etwas entfernten Geburtsort, denn schließlich könnte der Geruch nach Blut Raubtiere anlocken. Also gilt es, mit dem Baby so schnell wie möglich wieder in den Schutz der Familie zurück- zukehren, wo meist die Tanten schon neugierig auf den Neuzugang warten.

Ungefähr zwei bis vier Wochen nach der Geburt wird die Stute dann wieder rossig, und in der freien Natur wird sie meist während dieser sogenannten „Fohlenrosse" wieder vom Hengst gedeckt, sodass sichergestellt ist, dass ihr nächstes Fohlen wieder im Frühjahr gebo- ren wird. Damit schließt sich der Kreis.

Die Faszination Pferd

Was ist es, was diese alte Geschichte mit dem Pferd immer noch so faszinierend für uns macht? Wir haben versucht, uns dem Phänomen anzunähern, das so alt ist wie die Menschheit selbst. Wir haben davon gesprochen, dass es bei jenen fernen Vorfahren begann, die im Fackelschein Pferdebilder an die Wände ihrer Höhle malten; die Germanen umfasste, denen die Schimmel in den Hainen heilig waren; dass sich Legenden wie von den „Zentauren", Fabelwesen, die halb Mensch, halb Pferd, um Equus ranken und dass schon im Name Zauber liegt.

Aber sind wir der Faszination wirklich näher gekommen? Kann man sie überhaupt in Worte fassen und auf Bilder bannen? Können Bilder und Worte mehr sein als ein Abglanz von dem, was wirklich und wesentlich ist, was das Pferd für uns Menschen ausmacht?

Der große Konrad Lorenz schrieb einmal: „...die Wahrheiten der organischen Natur sind von so liebenswürdiger und ehrfurchtgebietender Schönheit, und sie werden immer schöner, je tiefer man in ihre Einzelheiten und Besonderheiten eindringt. Es ist unsinnig zu meinen, die Sachlichkeit der Forschung, das Wissen, die Kenntnis der natürlichen Zusammenhänge schmälerten die Freude am Wunderbaren der Natur. Im Gegenteil: der Mensch wird um so tiefer und nachhaltiger von der lebendigen Wirklichkeit der Natur bewegt werden, je mehr er über sie weiß."

Davon wollten wir in diesem Buch berichten. Wir wollten die
Faszination festhalten – und erlebten dabei, dass die Bilder und
Worte Erinnerungen und Assoziationen heraufbeschworen.
Wenn ich nun die Augen schließe, denke ich an Pferde und mir ist,
als ob ich die samtige Wärme von Lalas Nase noch auf meiner
Haut spüren könnte, als ob ich den feinen Duft nach Sommer,
Sonne und Leben wieder riechen würde, der über den Koppeln liegt.
Ich denke an verbummelte Nachmittage im Gras, an das helle
Wiehern eines frechen Fohlens und das dunkle, beruhigende Ruffeln
der Mutterstute. Ich meine, den selbstbewussten Ruf des Hengstes
und das rhythmische Klappern seiner Hufe auf dem Hof zu hören –
und mir wird wieder einmal klar: Wir können von Pferden erzählen,
wir können darüber schreiben und Ihnen Bilder zeigen. Wir können
Ihnen die Ästhetik des Pferdes, seine Eleganz und seine ganz
besondere Sensibilität und Intelligenz näher bringen. Doch die Liebe
zum Pferd, die wie jede wirkliche Liebe einen neuen Raum im
eigenen Menschsein öffnet – die können Sie nur mit und bei den
Pferden erleben.

Und so soll hier am Schluss stehen: Gehen Sie zu den Pferden!
Da draußen, auf den Koppeln und in den Ställen, werden Sie die
Liebenswürdigkeit und die Schönheit der Natur an einem ihrer
edelsten Geschöpfe erfahren – und wir wünschen Ihnen, dass es
der Beginn einer wahren Freundschaft sein wird!

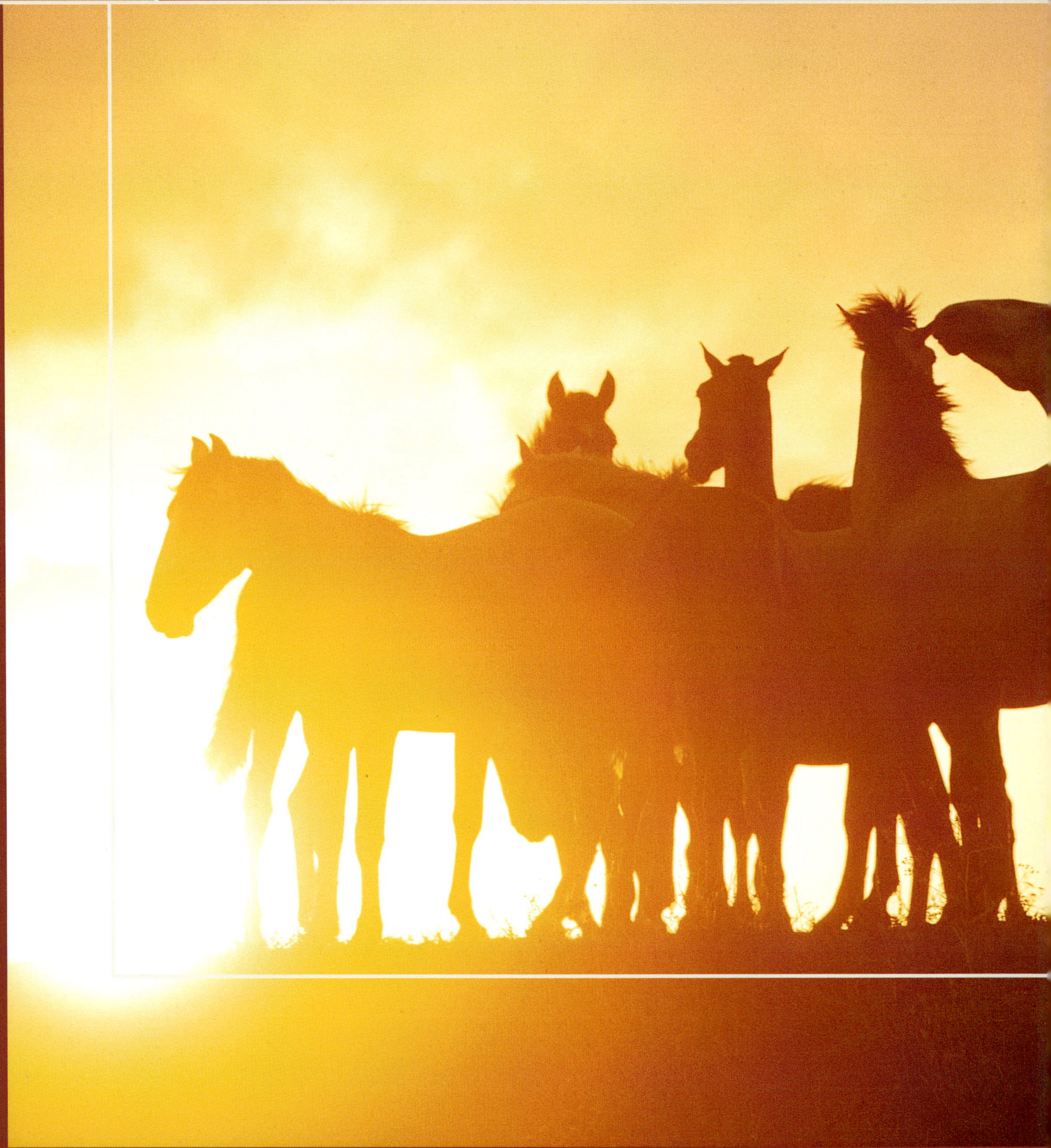

QUELLEN

Antony, David; Telegin, Dimitri Y.; Brown, Dorcas:
Die Anfänge des Reitens
Spektrum der Wissenschaft, 1992
Arzt, Volker; Birmelin, Immanuel:
Haben Tiere ein Bewußtsein?
C. Bertelsmann, 1993
Baumann, Peter; Kaiser, Dieter:
Die Sprache der Tiere
Goldmann, 1994
Binder, Sibylle Luise:
Umgang mit Pferden – Eine praktische Verhaltenskunde
Eugen Ulmer Verlag, 1994
Blendinger, Wilhelm:
Gesundheitspflege und erste Hilfe für das Pferd
Erich Hoffmann Verlag, 1974
Blendinger, Wilhelm:
Psychologie und Verhaltensweise des Pferdes
Paul Parey Verlag, 1980
Budelmann, Birgit; Kathmann, Jannie:
Die Körpersprache der Pferde
Econ Verlag, 1999
Darwin, Charles:
The Expression of the emotions in man and animals
Harper Collins Publishers, 1999
Darwin, Charles:
The Origin of Species by Means of Natural Selection or
The Preservation of Favoured Races in the Struggle for Life
Bantam Classics, 1999
Eccles, John C.:
Evolution of the Brain: Creation of The Self
Routledge, 1991
Eccles, John C.; Popper, Karl Raimund:
The Self and Its Brain
Routledge, 1993
Eibl-Eibesfeldt, Irenäus:
Liebe und Hass.
Zur Naturgeschichte elementarer Verhaltensweisen
Piper, 1976
Forsyth, Adrian:
Die Sexualität in der Natur – vom Egoismus der Gene und ihren
unfeinen Strategien
Deutscher Taschenbuch Verlag, 1991
Gerweck, Gerhart:
Die Psyche des Pferdes. Sein Wesen, seine Sinne, sein Verhalten
Kosmos Verlag, 1997
Glaubrecht, Matthias:
Duett für Frosch und Vogel – neue Erkenntnisse der Evolution
Econ Verlag, 1990
Griffin, Donald R.:
Animal Minds,
The University of Chicago Press, 1994
Griffin, Donald R.:
Animal Thinking
Harvard University Press, 1985
Hediger, Heinrich:
Tiere verstehen – Erkenntnisse eines Tierpsychologen
Deutscher Taschenbuchverlag, 1984
Karweina, Günter:
Der sechste Sinn der Tiere
Stern-Bücher im Verlag Gruner & Jahr, 1982

Kiley-Worthington, Marthe:
Pferdepsyche – Pferdeverhalten – Grundlagen für Reiter,
Halter und Trainer
Müller-Rüschlikon, 1989
Lorenz, Konrad:
Das sogenannte Böse. Zur Naturgeschichte der Aggression
Deutscher Taschenbuch Verlag, 1974
Lorenz, Konrad:
Hier bin ich – wo bist du? Ethologie der Graugans
Piper, 1988
Lorenz, Konrad:
Über tierisches und menschliches Verhalten. Aus dem
Werdegang der Verhaltenslehre. Gesammelte Abhandlungen I
Piper, 1984
Lorenz, Konrad:
Über tierisches und menschliches Verhalten. Aus dem
Werdegang der Verhaltenslehre. Gesammelte Abhandlungen II
Piper, 1984
Masson, Jeffrey M.; McCarthy, Susan:
Wie Tiere fühlen
Rowohlt, 1997
Rasa, Anne E.;
Mongoose Watch, A Family Observed
Murray Pub, 1985
Rasa, Anne E.; Vogel, Christian; Voland, Eckart:
„The Sociobiology of Sexual and Reproductive Strategies"
International Thomson Publishers, 1989
Rees, Lucy:
Das Wesen des Pferdes. Persönlichkeit – Entwicklung –
Verhalten
Müller-Rüschlikon, 1986
Reichholf, Josef H.:
Erfolgsprinzip Fortbewegung.
Die Evolution des Laufens, Fliegens, Schwimmens und Grabens
Deutscher Taschenbuch Verlag, 1992
Sambraus, Hans-Hinrich:
Nutztierhaltung – Biologie, Verhalten, Leistung und Tierschutz
Verlag Eugen Ulmer, 1991
Schäfer, Michael:
Das Jahr des Pferdes
Kynos Verlag, 1987
Schäfer, Michael:
Die Sprache des Pferdes.
Lebensweise, Verhalten, Ausdrucksformen,
Kosmos Verlag, 1993
Schäfer, Michael:
Handbuch Pferdebeurteilung
Kosmos Verlag, 2000
Scott, Sir Peter:
Anpassung und Verhalten. Die erstaunliche Welt der Tiere
Fischer Taschenbuch Verlag, 1980
Tinbergen, N.:
Tiere untereinander.
Soziales Verhalten bei Tieren, insbesondere Wirbeltieren
Paul Parey Verlag, 1955
Wickler, Wolfgang; Seibt, Uta:
Das Prinzip Eigennutz – zur Evolution des sozialen Verhaltens
Piper, 1991
Zeeb, Klaus:
Die Natur des Pferdes.
Beobachtungen eines Verhaltensforschers
Kosmos Verlag, 1998

ZUM WEITERLESEN

GaWaNi Pony Boy:
    Horse Follow Closely;
    Indianisches Pferdetraining – Gedanken und Übungen
    Stuttgart 1999
GaWaNi Pony Boy:
    Time well spent;
    Das persönliche Tagebuch zum indianischen Pferdetraining
    Stuttgart 2000
Gerweck, Gerhart:
    Die Psyche des Pferdes; Sein Wesen, seine Sinne, sein Verhalten
    Stuttgart 1997
Gohl, Christiane:
    Pferde verstehen;
    Im Umgang und beim Reiten: Körpersprache richtig deuten
    Stuttgart 2001
Gohl, Christiane:
    Pferdekunde; Basiswissen rund ums Pferd
    Stuttgart 1999
Gohl, Christiane:
    Was der Stallmeister noch wußte;
    Altes Wissen bewahren und nutzen, Mit neuen Tipps und Tricks
    Stuttgart 1998
Haller, Martin:
    Kosmos Pferdeführer; Pferde- und Ponyrassen aus aller Welt
    Stuttgart 1999
Kapitzke, Gerhard:
    Barocke Pferde; Schönheit der Rassen, Reiten als Kunst
    Stuttgart 1997
Köhler, Hans Joachim:
    Tempelhüter;
    Symbol der Trakehner Pferdezucht und des Landes Ostpreußen
    Stuttgart 1995
Krämer, Monika:
    Pferde erfolgreich motivieren; Das 8-Punkte Programm
    Stuttgart 1998
Nissen, Jasper:
    Enzyklopädie der Pferderassen;
    Band 1: Deutschland, Belgien, Niederlande, Luxemburg
    Band 2: Island, Skandinavien, Großbritannien, Irland, Frankreich
    Band 3: Spanien, Portugal, Italien, Schweiz, Österreich,
    Osteuropa
    Stuttgart 1997
Penquitt, Claus:
    Die neue Freizeitreiter-Akademie; Reiten nach altklassischen,
    altkalifornischen und iberischen Vorbildern
    Stuttgart 2001
Podhajsky, Alois:
    Die klassische Reitkunst;
    Reitlehre von den Anfängen bis zur Vollendung
    Stuttgart 1998
Podhajsky, Alois:
    Meine Lehrmeister die Pferde;
    Erinnerungen an ein großes Reiterleben
    Stuttgart 2001
Schäfer, Michael:
    Die Sprache des Pferdes;
    Lebensweise, Verhalten, Ausdrucksformen
    Stuttgart 1993

Schäfer, Michael:
    Handbuch Pferdebeurteilung; Pferdetypen und ihre Entstehung,
    Bau und Funktion des Pferdekörpers, Praktische Beurteilung von
    Pferden und Ponys
    Stuttgart 2000
Schöning, Barbara:
    ClickerTraining für Pferde
    Stuttgart 2000
Schwaiger, Susanne E.:
    Der Weg mit Pferden – Ein Weg zu mir;
    Das Pferd als Persönlichkeitstrainer
    Stuttgart 2000
Schwaiger, Susanne E.:
    Persönlichkeitstraining mit Pferden; Das Praxisbuch
    Stuttgart 2001
Spilker, Imke:
    Selbstbewußte Pferde; Wie Pferde ihre eigenen Übungen
    und Lektionen entwickeln
    Stuttgart 2000
Stern, Horst:
    So verdient man sich die Sporen
    Stuttgart 1997
Tellington-Jones, Linda:
    Der neue Weg im Umgang mit Tieren;
    Die Tellington TTouch Methode
    Stuttgart 1993
Tellington-Jones, Linda:
    Die Persönlichkeit Ihres Pferdes; Die Kunst, Charakter
    und Temperament Ihres Pferdes zu bestimmen und positiv
    zu beeinflussen
    Stuttgart 1996
Tietje, Ute:
    Kosmos-Lexikon Westernreiten
    Stuttgart 2000
Zeeb, Klaus:
    Die Natur des Pferdes;
    Beobachtungen eines Verhaltensforschers
    Stuttgart 1998

Empfehlenswerte Videos

Gohl, Christiane:
    Pferde richtig verstehen
    Stuttgart 1994
Hinrichs, Richard:
    Reiten mit feinen Hilfen; Sitz und Einwirkung
    Stuttgart 2000
Felix Schickler:
    Islandpferde in Sport und Freizeit
    Stuttgart 1999
Tellington-Jones, Linda:
    Die Persönlichkeit Ihres Pferdes
    Stuttgart 2000

BILDNACHWEIS

Mit 134 Farbfotos von Gabriele Kärcher / Sorrel

Mit einem Farbfoto von AKG Berlin (S. 40)

Mit zwei Zeichnungen von M. Golte-Bechtle

Informationen senden wir Ihnen gerne zu

Bücher · Kalender · Spiele
Experimentierkästen · CDs · Videos
Seminare

Natur · Garten & Zimmerpflanzen ·
Heimtiere · Pferde & Reiten ·
Astronomie · Angeln & Jagd ·
Eisenbahn & Nutzfahrzeuge ·
Kinder & Jugend

KOSMOS

Postfach 10 60 11
D-70049 Stuttgart
TELEFON +49 (0)711-2191-0
FAX +49 (0)711-2191-422
WEB www.kosmos.de
E-MAIL info@kosmos.de

Kosmos Verlag
Mitglied in der

Deutsche Vereinigung zum
Schutz des Pferdes e.V.
Wienkamp 11 rechts
46354 Südlohn

IMPRESSUM

Umschlaggestaltung von eStudio Calamar
Titelfotos von Gabriele Kärcher / Sorrel

Die Deutsche Bibliothek – CIP-Einheitsaufnahme
Ein Titelsatz für diese Publikation ist
bei der Deutschen Bibliothek erhältlich.

Gedruckt auf chlorfrei gebleichtem Papier

1. Auflage
© 2001, Franckh-Kosmos Verlags-GmbH & Co., Stuttgart
Alle Rechte vorbehalten
ISBN 3-440-08132-x
Redaktion: Alexandra Haungs
Gestaltungskonzept: eStudio Calamar
Produktion: Claudia Kupferer / Kirsten Raue
Satz: eStudio Calamar
Reproduktion: Repro Schmidt, Dornbirn
Gesamtherstellung: Appl, Wemding
Printed in Germany / Imprimé en Allemagne

KOSMOS

GaWaNi Pony Boy

▸ Indianisches Horsemanship in Vollendung
▸ Bilder voll Leuchtkraft und Poesie

Ein wunderbares Buch zum Träumen und Wachwerden.

FREIZEIT IM SATTEL

Hervorragende stimmungsvolle Fotos.

AUGSBURGER ALLGEMEINE

Nicht nur Pferdefans werden ihre Freude an diesem Bildband haben. ABENDZEITUNG

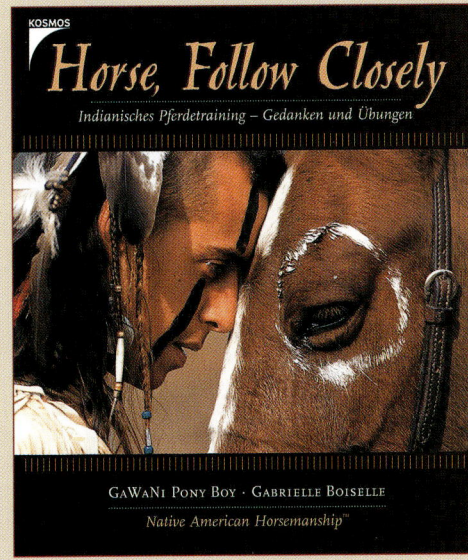

GaWaNi Pony Boy
Gabrielle Boiselle
Horse Follow Closely

144 Seiten
193 Farbfotos
ISBN 3-440-07957-0

Mit diesem Buch ist ein wahres Kunstwerk gelungen! Die brillanten Farbfotos von Gabrielle Boiselle zeigen GaWaNi Pony Boy in traditioneller Tracht auf ungesatteltem, nach altem Brauch bemaltem Pferd durch Steppengras und Wildbäche galoppierend. GaWaNi erklärt eindrucksvoll das indianische Beziehungstraining, das Mensch und Pferd zu einer Einheit verschmelzen lässt.

Indianisches Pferdetraining in 14 Übungen

In diesem wunderschönen zweiteiligen Videofilm erklärt GaWaNi Pony Boy Trainingstechnik und Fundament seines indianischen Pferdetrainings für Reiter aller Disziplinen und Ausbildungsstufen.

GaWaNi Pony Boy
Horse, Follow Closely

VHS-Video
Laufzeit ca. 80 Min.
ISBN 3-440-08925-8

GaWaNi Pony Boy
Time Well Spent

208 Seiten
40 Farbfotos
ISBN 3-440-08465-5

Indianische Weisheiten und schöne Fotos inspirieren zum Nachdenken, Aufschreiben und Träumen. Auf diese Weise gibt dieses Tagebuch die Gelegenheit, auf indianische Art dem Pferd näher zu kommen und seinen Pferdealltag mit GaWaNi aus dem Stamme der Tsa-la-gi zu erleben.

▸ **Das Geschenk für Liebhaber von Pferden und indianischer Kultur!**

www.kosmos.de

Das Pferd als Partner

SUSANNE E. SCHWAIGER, *verbindet sehr erfolgreich ihre Erfahrungen in der Ausbildung und Korrektur von Pferden mit ihrem Beruf als Persönlichkeitstrainerin. Von ihren zahlreichen Kursen und Seminaren profitieren Teilnehmer mit und ohne Pferd.*

Susanne E. Schwaiger
Der Weg mit Pferden – Ein Weg zu mir

192 Seiten
62 Abbildungen
ISBN 3-440-07988-0

Dass Pferde hervorragende Partner in der Schule des Lebens sind ist nicht neu. Neu ist jedoch der Ansatz, moderne Arbeitsweisen aus dem Persönlichkeitstraining mit meditativen Entspannungsübungen sowie Körper- und Energiearbeit so zu verbinden, dass dadurch ein Entwicklungsprozess von Mensch und Pferd in Gang gesetzt wird.

Susanne E. Schwaiger
Persönlichkeitstraining mit Pferden

192 Seiten
180 Farbfotos
ISBN 3-440-08220-2

Jeder, der den richtigen Umgang mit Pferden lernt, kann diese Erfahrungen für sich ganz persönlich nutzen: mehr Klarheit und Präsenz, mehr Selbstbewusstsein und Durchsetzungsvermögen. So werden die vierbeinigen Partner Impulsgeber und Kraftquelle für die Entwicklung ungeahnter persönlicher Ressourcen. Das Praxisbuch mit umfangreichem Übungsteil, vielen Tests und Spielen sowie Arbeitsblättern, Checklisten und Kopiervorlagen.

▸ Das eigene Verhalten reflektieren und positiv entwickeln
▸ Der Werkzeugkoffer des NLP – erstmals für die Arbeit mit Pferden